Friederike Schuppener

Wir bleiben, wenn du gehst

Gebete, Lesungen und Lieder am Sterbebett

Gütersloher Verlagshaus

Bibliografische Information Der Deutschen Bibliothek
Die Deutsche Bibliothek verzeichnet diese Publikation in der Deutschen Nationalbibliografie; detaillierte bibliografische Daten sind im Internet über http://dnb.ddb.de abrufbar.

ISBN 3-579-05524-0

Umschlaggestaltung: Annette Breitmoser, Gütersloh
Satz: Katja Rediske, Landesbergen
Druck und Bindung: Těšínská Tiskárna AG, Český Těšín
Printed in Czech Republic

www.gtvh.de

Inhalt

Vorwort 7

Andachten mit einer/m Sterbenden

in plötzlich eingetretener Krankheit, die zum Tode führt 10
in plötzlich eingetretener Krankheit, die zum Tode führt 12
in Voraussicht eines jahrelangen Leidens 16
in Voraussicht eines jahrelangen Leidens 18
in Voraussicht eines jahrelangen Leidens 20
wenn die/der Sterbende sehr mit dem Tod ringt 24
wenn die/der Sterbende sehr mit dem Tod ringt 26
wenn die/der Sterbende sehr mit dem Tod ringt 28
bei einer/m Sterbenden mit Demenzerkrankung 32
bei einer/m Sterbenden mit Demenzerkrankung 34
bei einer/m Sterbenden mit geistiger Behinderung 38
mit einem sterbenden Kind 42
mit einem sterbenden jungen Menschen 46
mit einem sterbenden jungen Menschen 48
mit einer/m Sterbenden mittleren Alters 52
vor einer kritischen Operation 56
vor einer kritischen Operation 58
nach einem Unfall 62
nach einem Unfall 64
nach einem verschuldeten Unfall 66
nach einem unverschuldeten Unfall 68
nach einem verschuldeten Unfall mit mehreren Opfern 70
in Schuldgefühlen, in seelischer Not 74
in Schuldgefühlen, in seelischer Not 76
in Schuldgefühlen, in seelischer Not 78
in einsamem Sterben ohne Angehörige 82
in einsamem Sterben ohne Angehörige 84
in einsamem Sterben ohne Angehörige 86
wenn ein Partner stirbt 90
wenn ein Partner stirbt 92
wenn ein Partner stirbt 94

Andachten nach dem Versterben eines Menschen
nach einem langen, erfüllten Leben ... 98
nach kurzer, schwerer Krankheit ... 101
nach langer Krankheit ... 104
bei einem plötzlichen Tod ... 107
beim Tod eines Kindes ... 109
bei einem Menschen mittleren Alters ... 112
nach einem Unfall ... 114
nach einem gewaltsamen Tod ... 117
nach einem Suizid ... 120
beim Tod eines Partners ... 124

Quellen- und Bildnachweis ... 127

Vorwort

In meiner Gemeindearbeit in Meisenheim bei Bad Kreuznach war einer meiner Aufgabenschwerpunkte die seelsorgerliche Arbeit in einem evangelischen Altenheim und dessen gerontopsychiatrischer Fachabteilung. Dazu gehörte auch, die Bewohnerinnen und Bewohner im Sterben zu begleiten und mit den Angehörigen, den Bewohnern und den Pflegenden den Abschied zu gestalten. Am Sterbebett betete ich mit den Menschen, las Psalmen vor und sang Lieder, die im Abschied tröstlich sind. In einer Zeit, in der ich häufiger zu Sterbenden gerufen wurde, stellte ich mir passende Gebete und Psalmen zusammen, auf die ich zurückgreifen konnte. Mehr und mehr wuchs bei meiner eigenen Tätigkeit in mir der Wunsch, die Pflegekräfte entsprechend zu schulen, damit auch sie am Sterbebett nicht nach Worten ringen mussten, sondern Worte finden würden, die Trost und Halt geben könnten. So fügte ich eine Mappe von Psalmen, Gebeten, Lesungen aus der Literatur, Segenssprüchen und Liedern zusammen, die als praktische Handreichung für die Pflegekräfte und für mich als hauptamtliche Seelsorgerin für die Begleitung Sterbender und deren Angehörigen dienen sollte. In engem Austausch mit den Pflegekräften stellten wir dann einen Seelsorgekoffer für jeden Wohnbereich zusammen, in dem eine Osterkerze, ein Tischkreuz, ein weißes Tischtuch, Karten mit Trostsprüchen und eben diese Handreichung zu finden waren. Aus dieser Handreichung für die Begleitung alter sterbender Menschen ist dann über längere Zeit das vorliegende Buch entstanden: eine Sammlung von biblischen Trostworten, Gedichten und Liedern, die Menschen im Sterben Kraft und Trost geben können. Außerdem finden sich darin Psalmen und Psalmübertragungen, Gebete und Segenssprüche, die helfen wollen, Sterbende und ihre Angehörigen ein Stück ihres Weges zu begleiten. Für einen zweiten Teil habe ich Texte erstellt und gesammelt, die sich für die Verabschiedung von Verstorbenen, für Andachts- und Aussegnungsfeiern am Totenbett oder im Aufbahrungsraum, eignen. Zusammengestellt sind die Texte im ersten wie im zweiten Teil für verschiedene seelsorgerliche Situationen.

Gedacht sind die Gebete, Psalmen, Gedichte und Segenssprüche für die Sterbebegleitung zu Hause, im Krankenhaus und in Pflegeeinrichtungen wie z.B. Altenheimen. Das vorliegende Buch soll eine praktische Handreichung für hauptamtliche Seelsorgerinnen und Seelsorger in den unterschiedlichsten seelsorgerlichen Bereichen sein. Besonders im Blick hat die Sammlung aber auch Ehrenamtliche in der Besuchsdienst- und Hospizarbeit sowie Pflegekräfte und Ärzte in Krankenhäusern und Pflegeeinrichtungen. Diesen will das Buch Mut machen, Sterbenden und deren Angehörigen mit ihrer Begleitung eine tröstliche und stärkende Hilfe zu sein.

Beim Gebrauch dieses Buches möge Gottes Kraft die Begleitenden, die Sterbenden und die Abschiednehmenden stärken. Sein Segen umfange Lebende und Sterbende!

Düsseldorf, im Januar 2004 *Friederike Schuppener*

Andachten mit einer/m Sterbenden

Wenn es so weit sein wird mit mir

Wenn es so weit sein wird mit mir,
brauche ich den Engel in dir.

Bleibe still neben mir in dem Raum,
jag den Spuk, der mich schreckt, aus dem Traum,
sing ein Lied vor dich hin, das ich mag,
und erzähle, was war manchen Tag.

Zünd ein Licht an, das Ängste verscheucht,
mach die trockenen Lippen mir feucht,
wisch mir Tränen und Schweiß vom Gesicht,
der Geruch des Verfalls schreck dich nicht.

Halt ihn fest, meinen Leib, der sich bäumt,
halte fest, was der Geist sich erträumt,
spür das Klopfen, das schwer in mir dröhnt,
nimm den Lebenshauch wahr, der verstöhnt.

Wenn es so weit sein wird mit mir,
brauche ich den Engel in dir.

Friedrich Karl Barth und Peter Horst

Andacht mit einer/m Sterbenden
in plötzlich eingetretener Krankheit, die zum Tode führt

nach Psalm 86

Herr, neige deine Ohren zu mir und erhöre mich;
mir ist elend und erbärmlich zumute.
Bewahre meine Seele vor noch größerem Leid,
denn ich gehöre doch zu dir, du Vater des Lebens.
Hilf du, mein Gott, deinem Kind,
das sich ganz auf dich verlässt.
Jetzt, da ich weiß, was meine Stunde schlägt,
da sei mir nahe und halte mich,
damit ich nicht ins Bodenlose falle.
Lass meine Seele noch einmal aufleben,
denn mich verlangt nach vollem Leben.
Lass es aus deinen Händen in mich fließen.
Erhöre, Herr, mein Gebet
und vernimm meine Bitten!
Denn du, Herr, bist gut und gnädig,
von großer Güte allen, die dich anrufen.
In der Not rufe ich dich an;
mögest du mich erhören!

nach Psalm 86,1-7

Gebet

Guter Gott, seit die Diagnose da ist,
ist es, als ob ich falle,
als ob um mich herum alles fällt.
Meine Gesundheit war mir alles,
selbstverständlich mein Leben.
Nun schwindet es dahin,
und ich weiß nicht,
wie ich mit dem Funken Leben weiterleben soll.

Fragen bohren in meinem Kopf:
Ist es endgültig?
Wenn ja, wie lange werde ich noch leben?
Werde ich Schmerzen haben?
Was wird aus meiner Familie?
Und: Wie soll ich das alles aushalten?

Ich werfe sie vor dich, meine Fragen,
meine Ängste, meine Sorgen, meine Haltlosigkeit.
Nimm du dich ihrer an. Nimm du dich meiner an.
Kein Mensch kann es so wie du.
Gib mir Kraft, aus dem Funken Leben
noch reich zu schöpfen,
solange es noch möglich ist. Amen.

Biblisches Trostwort

Die auf Gott hoffen, werden nicht fallen,
sondern ewig bleiben wie der Berg Zion.

Psalm 125,1

Lass dir an meiner Gnade genügen, denn meine Kraft ist in den Schwachen mächtig.

1 Kor 12,9

Lesung aus der Literatur

Mein sind die Jahre nicht, die mir die Zeit genommen;
mein sind die Jahre nicht, die etwa möchten kommen;
der Augenblick ist mein, und nehm' ich den in Acht,
so ist der mein, der Jahr und Ewigkeit gemacht.

Andreas Gryphius

Herbsttag

Herr: es ist Zeit. Der Sommer war sehr groß.
Leg deinen Schatten auf die Sonnenuhren,
und auf den Fluren lass die Winde los.

Befiehl den letzten Früchten voll zu sein;
gib ihnen noch zwei südlichere Tage,
dränge sie zur Vollendung hin und jage
die letzte Süße in den schweren Wein.

Wer jetzt kein Haus hat, baut sich keines mehr.
Wer jetzt allein ist, wird es lange bleiben,
wird wachen, lesen, lange Briefe schreiben
und wird in den Alleen hin und her
unruhig wandern, wenn die Blätter treiben.

Rainer Maria Rilke

Vaterunser

Vergebender Zuspruch

Die Träne, die nicht geweint, das Lachen, das nicht gelacht, das Wort, das nicht gesprochen, die Hand, die nicht gereicht,– das nehme Gott in seine Hand. Daraus gebe er dir Gelegenheit, noch einmal intensiv zu leben, bevor du zu ihm gehst.

Segen

Vater im Himmel,
segne mich in meiner Krankheit.
Verfüge über mein Leben und meinen Tod
zu deiner Ehre und zu meinem Heil.
Du allein weißt, was mir dienlich ist.
Du allein bist der Herr, tue, was du willst.
Gib mir, nimm mir,
aber mache meinen Willen
dem deinen gleich.

Blaise Pascal

Lieder

Was mein Gott will, gescheh allzeit (EG 364)
Von Gott will ich nicht lassen (EG 365)

Andacht mit einer/m Sterbenden

in plötzlich eingetretener Krankheit, die zum Tode führt

nach Psalm 102

Gott, höre doch mein Gebet!
Wenn doch meine Stimme deine Ohren erreichen würde!
Ich bin in Not,
verstecke dich jetzt nicht vor mir!
Höre mich, ich schreie zu dir;
erhöre mich bald!
Mein Leben verweht wie der Rauch,
mein ganzer Körper glüht wie ein Ofen.
Meine Lebenskraft verdorrt wie Gras in der Sonnenglut,
Und essen kann ich nicht mehr.
Ich kann nur noch stöhnen
und bin nichts als Haut und Knochen.
Ich bin allein wie ein Vogel in der Wüste,
so einsam, wie eine Eule, die in Ruinen haust.
Ich liege wach, ich bin wie ein Vogel,
einsam und allein auf dem Dach.
Du warst wohl wütend auf mich, Gott,
dass du mich so gepackt und zu Boden geschleudert hast.
Jetzt schwindet mein Leben wie das Licht am Abend:
Bald wird die Nacht alles verschlingen.
Doch du, mein Gott, regierst für alle Zeiten,
deinen Namen wird man noch bekennen
in allen kommenden Generationen.
Darum rufe ich zu dir um Hilfe: »Mein Gott!
Lass mich doch nicht im besten Alter sterben!« Amen.

nach Psalm 102,1-8.11-13.25a

Gebet

Mein Gott, wie kann das sein!
In die Sonne senkt sich ein Schatten:
Am Tag scheint Finsternis zu herrschen
und die Nacht scheint kein Ende zu nehmen.
Der Schatten greift nach mir
und droht mich zu verschlingen.
Ich wollte, ich könnte fliehen.
Nun, mein Gott, ich halte vor dir inne
und frage dich:
Warum lässt du zu, dass ich so leide?
Du hättest doch den Schatten wenden können!
Wo bist du nur?
Du bist doch mein Gott!
Hilf mir, dass ich nicht falle.
Ich will dir vertrauen, auch in der Finsternis.
Lass dein Licht scheinen über mir
und zeige mir den Weg durch das Dunkle
meiner Krankheit und Angst. Amen.

Biblisches Trostwort

Ich bin gewiss,
dass weder Tod noch Leben,
weder Engel noch Mächte noch Gewalten,
weder Gegenwärtiges noch Zukünftiges,
weder Hohes noch Tiefes noch eine andere Kreatur
uns scheiden kann
von der Liebe Gottes,
die in Christus Jesus ist,
unserm Herrn. Amen.

Römer 8,38-39

Jesus Christus spricht:
Ich bin das Licht der Welt.
Wer mir nachfolgt, der wird nicht wandeln in der Finsternis,
sondern wird das Licht des Lebens haben.

Johannes 8,12

Lesung aus der Literatur

Ich bin zur Ewigkeit geboren,
für eine bessre Welt bestimmt;
mein Leben geht nicht ganz verloren,
wenn gleich das Grab den Leichnam nimmt.
Zu groß bin ich für diese Zeit;
Mein Schicksal ist Unsterblichkeit.

aus einem alten Gesangbuchlied, 1802

Vaterunser

Vergebender Zuspruch

Gott schenkte dir dein Leben. Es trägt dir viel zu, doch du bist würdig und geliebt. Gott wird dich tragen alle Tage bis in seine ewige Nähe. Vertraue mir!

Segen

Gott, bleibe bei uns, denn es will Abend werden,
und der Tag hat sich geneiget. Amen.

Lieder

Die Nacht ist vorgedrungen (EG 16)
Von guten Mächten treu und still umgeben (EG 65 u. 652*)
Ach bleib mit deiner Gnade (EG 347)
Ein feste Burg ist unser Gott (EG 362)
Jesu, geh voran (EG 391)
Bei dir, Jesu, will ich bleiben (EG 406)

Segen für die sterbende Freundin

Gott segne dich in deiner letzten
Lebenszeit, dass allein dein DASEIN
ein Segen sei.
Gott lasse sein Angesicht leuchten
über dir: Er schenke dir lichtvolle
Stunden, damit deine Seele
Gottes Gegenwart wahrnehme und dich stärke.
Gott sei dir gnädig, was dir auch Angst
macht. Wenn Schuld dich belastet,
wolle er dich frei machen und dir Zuversicht schenken.
Gott gebe dir seinen Frieden.
Mögest du dich als Gottes geliebtes Kind
in seiner Hand geborgen wissen.
Segen über dir!
Amen.

Rile Schöne

Andacht mit einer/m Sterbenden
in Voraussicht eines jahrelangen Leidens

nach Psalm 39

Gott, hilf mir doch anzunehmen,
dass einmal der Tag des Abschieds kommen wird,
dass mein Leben ein Ziel hat und ich gehen muss.
Mein Gott, meine Tage sind nur eine Handbreit bei dir,
und mein Leben ist so winzig vor dir.
Wie zerbrechlich sind alle Menschen,
die doch so selbstsicher leben!
Sie sind ja wie Schatten
und machen sich Unruhe um Nichtigkeiten;
sie horten Güter und wissen gar nicht wozu.
Nun, Gott, worin soll ich meinen Trost finden?
Ich hoffe auf dich, allen Widrigkeiten zum Trotz.
Höre mein Gebet, Gott, und vernimm mein Schreien,
schweige nicht, wenn meine Augen weinen
und mir das Herz blutet.

Gebet

Wohin sollen wir uns wenden, Gott?
Schauen wir zurück, so ruft Sehnsucht:
Alles soll sein wie früher.
Und Blicke verlieren sich ins Gestern.
Schauen wir nach vorne, so schreit Angst:
Ich schaffe es nicht.
Und Blicke senken sich ins Dunkle.
Krankend schauen wir
in unserer Not auf dich, du Gott.
Halte uns in diesem Augenblick.
Kaum wissen wir vor noch zurück.
Gib uns Kraft, einen Fuß vor den anderen zu setzen.
Gib uns Hoffnung, dass du uns führst.
Was auch kommen mag:
Es liegt in deinen Händen. Amen.

Biblisches Trostwort

Haltet mich nicht auf,
denn Gott hat Gnade zu meiner Reise gegeben.

1 Mose 24,56

Und ob ich schon wanderte im finstern Tal,
fürchte ich kein Unglück;
denn du bist bei mir,
dein Stecken und Stab trösten mich.

Psalm 23,4

Lesung aus der Literatur

Gott hilft uns nicht immer am Leiden vorbei,
aber er hilft uns hindurch.

Johann Albrecht Bengel

Vaterunser

Vergebender Zuspruch

Gott, der Herr, der dich zum Leben berufen hat, und dich geführt hat alle Tage deines Lebens, der schaut dich barmherzig und freundlich an. Er kommt dir entgegen.

Segen

Gott,
segne uns minutenlang mit Schätzen voller Leben.
Jesus Christus,
segne uns stundenlang mit deiner Begleitung.
Heiliger Geist,
segne uns täglich mit deiner flutenden Kraft.
So segne uns, du ewiger Gott, alle Tage, die noch bleiben,
damit wir aufstehen können zu neuem Leben. Amen.

Lieder

Der du die Zeit in Händen hast (EG 64)
Ach bleib mit deiner Gnade (EG 347)
Wer nur den lieben Gott lässt walten (EG 369)
Stern, auf den ich schaue (EG 407)
Meine Zeit steht in deinen Händen (Menschenskinderlieder/MKL 2, 76)

Andacht mit einer/m Sterbenden
in Voraussicht eines jahrelangen Leidens

Psalm 121
Ich hebe meine Augen auf zu den Bergen.
Woher kommt mir Hilfe?
Meine Hilfe kommt vom Herrn,
der Himmel und Erde gemacht hat.
Er wird deinen Fuß nicht gleiten lassen,
und der dich behütet, schläft nicht.
Siehe, der Hüter Israels schläft und
schlummert nicht.
Der Herr behütet dich;
der Herr ist dein Schatten über deiner
rechten Hand,
dass dich des Tages die Sonne nicht steche
noch der Mond des Nachts.
Der Herr behüte dich vor allem Übel,
er behüte deine Seele.
Der Herr behüte deinen Ausgang und Eingang
von nun an bis in Ewigkeit!

Gebet
Wir wissen nicht weiter, Gott.
Zu schwer wiegt die Last, die ... zu tragen
hat.
Wenn wir daran denken, was die schwere
Krankheit
für die Zukunft bedeutet,
dann schwinden uns die Kräfte.
Wie die Schmerzen aushalten?
Wie die Gewissheit aushalten,
dass es unheilbar ist?
Wie leben bei solchem Leiden?
So kommen wir zu dir, Gott, um Kraft
zu tanken.
Hilf uns weiterzugehen und geleite uns.
Gib ... Kraft, die Schmerzen zu ertragen.
Und wenn es nicht mehr geht, dann trage
sie/ihn.
Schenke uns Mut und Ideenreichtum,
das Leben im Kleinen noch zu genießen.
Und lege schützend deinen Segen auf uns.
Amen.

Biblisches Trostwort
Ich habe euch getragen, seit es euch gibt; ihr seid mir aufgeladen, seit ihr aus dem Mutterleib kamt. Und ich bleibe derselbe in aller Zukunft! Bis ihr alt und grau werdet, bin ich es, der euch schleppt. Ich habe es bisher getan, und ich werde es auch künftig tun. Ich bin es, der euch trägt und schleppt und rettet!

Jesaja 46,3b-4

Lesung aus der Literatur

Der Umkehrende
Es wandelt, was wir schauen,
Tag sinkt ins Abendrot,
die Lust hat eignes Grauen,
und alles hat den Tod.

Ins Leben schleicht das Leiden
sich heimlich wie ein Dieb,
wir alle müssen scheiden
von allem, was uns lieb.

Was gäb' es doch auf Erden,
wer hielt' den Jammer aus,
wer möcht' geboren werden,
hieltst du nicht droben Haus!

Du bist's, der, was wir bauen,
mild über uns zerbricht,
dass wir den Himmel schauen –
darum so klag' ich nicht.

Joseph von Eichendorff

Vaterunser

Zuspruch

Gott schenke dir die Gabe, Unwiederbringliches im Herzen als Geschenk zu bewahren.
Gott schenke dir den Mut, über Unabänderliches bei ihm zu klagen, und die Kraft, es mit ihm in Geduld zu tragen.
Gott schenke dir die Hoffnung, dass unbegreiflich Schönes von ihm kommen kann,– jeden Tag und schließlich in der Ewigkeit.

Segen

Komm, Herr, segne uns, dass wir uns
nicht trennen,
sondern überall uns zu dir bekennen.
Nie sind wir allein, stets sind wir die deinen.
Lachen oder Weinen wird gesegnet sein.

Lieder

Lass mich dein sein und bleiben (EG 157)
Ich steh in meines Herren Hand (EG 374)
Meine Hoffnung und meine Freude (Taizéliederheft*, 17)

Andacht mit einer/m Sterbenden

in Voraussicht eines jahrelangen Leidens

nach Psalm 131

Mein Gott, ich tue nicht so, als wäre ich mehr wert als andere,
ich blicke nicht mit Stolz auf jemanden herab.
Ich mache mir nichts vor, als könnte ich meine Lebenszeit selbst bestimmen.
Viel zu wunderbar ist der Plan,
den du mit mir hast.
Es ist seltsam, aber meine Seele ist still und ruhig geworden;
wie ein Kind im Arm der Mutter, so berge ich mich bei dir.
Könnten doch alle auf dich so vertrauen!
Es tut gut, bei dir still und ruhig zu werden.
So lass mein Vertrauen in dich nicht schwinden!

Gebet

Guter Gott, ich wende mich an dich.
Von dir erhoffe ich mir Hilfe.
Meine Gedanken rasen im Kreis:
Wie lange darf ich noch leben?
Wie soll ich bloß jahrelang Schmerzen aushalten?
Was wird aus meiner Familie,
wenn mein Zustand schlimmer wird?

Fetzen aus Fragen und hilflosen Antworten kreisen in mir,– du kennst sie alle.
Beschwichtigende Antworten bekomme ich zu hören,
aber ich schaffe es nicht, ihnen zu trauen.

Gerne möchte ich gegen meine Verzweiflung anstehen.
Kannst du mir geben, was ich nicht habe:
Hoffnung gegen die Hoffnungslosigkeit;
Mut,– gegen die Resignation;
Kraft,– gegen meine Schwäche.
Ruhe,– gegen das Rasen der Fragen.
Ich bitte dich, lass mir zufließen, was ich brauche,
damit ich aushalten kann, was mir das Leben auferlegt.
Deiner Kraft, mein Gott, vertraue ich.
Amen.

Biblisches Trostwort

Ich liege und schlafe ganz mit Frieden;
denn allein du, Herr, hilfst mir, dass ich sicher wohne.

Psalm 4,9

Lesung aus der Literatur

Geschaffen hast du uns zu dir,
und ruhelos ist unser Herz,
bis dass es Ruhe findet in dir.

Aurelius Augustinus

Vaterunser

Vergebender Zuspruch

Dein Leben erhält Kraft bei Gott:
Alle Sorgen nimmt er auf seine Schulter.
Allen Schmerz hält er mit dir aus.
Was dir misslang, das wischt er fort von deiner Seele.
So kannst du frei von Lasten leben.

Sterbesegen

Gott stärke dich, Jesus Christus begleite dich, der Heilige Geist führe dich.
So segne dich Gott, der Allmächtige, der Vater, der Sohn und der Heilige Geist.
Amen.

Lieder

Nun danket alle Gott (EG 321)
Was mein Gott will, gescheh allzeit (EG 364)
Wer nur den lieben Gott lässt walten (EG 369)

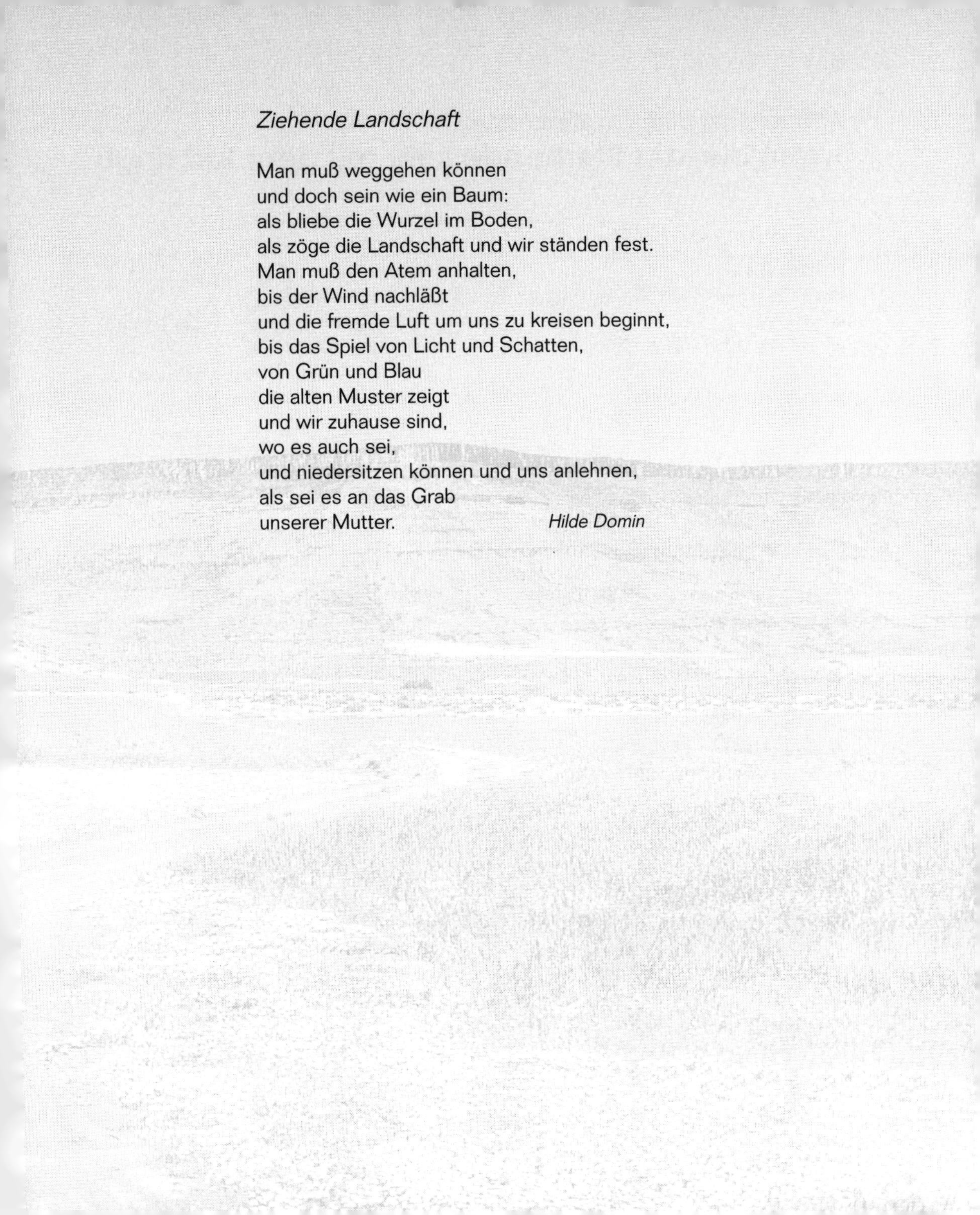

Ziehende Landschaft

Man muß weggehen können
und doch sein wie ein Baum:
als bliebe die Wurzel im Boden,
als zöge die Landschaft und wir ständen fest.
Man muß den Atem anhalten,
bis der Wind nachläßt
und die fremde Luft um uns zu kreisen beginnt,
bis das Spiel von Licht und Schatten,
von Grün und Blau
die alten Muster zeigt
und wir zuhause sind,
wo es auch sei,
und niedersitzen können und uns anlehnen,
als sei es an das Grab
unserer Mutter.

Hilde Domin

Andacht mit einer/m Sterbenden

wenn die/der Sterbende sehr mit dem Tod ringt

Psalm 22

Mein Gott, mein Gott, warum hast du mich verlassen?
Ich schreie, aber meine Hilfe ist ferne.
Mein Gott, des Tages rufe ich,
doch antwortest du nicht,
und des Nachts, doch finde ich keine Ruhe.
Du aber bist heilig,
der du thronst über den Lobgesängen Israels.
Unsere Väter hofften auf dich;
und da sie hofften, halfst du ihnen heraus.
Zu dir schrien sie und wurden errettet,
sie hofften auf dich und wurden nicht zuschanden.
Sei nicht ferne von mir, denn Angst ist nahe;
denn es ist hier kein Helfer.
Aber du, Herr, sei nicht ferne;
meine Stärke, eile, mir zu helfen!

Psalm 22,2-6.12.20

Gebet

Es ist Kampf, es ist Krampf, Gott!
Wir können nicht mehr.
Mit Schmerzen kämpft der Körper,
Vor Qual krampfen alle Glieder.
So schreien Leib und Seele elendig zu dir.
Es gibt kein Ein noch Aus.
Wir qäulen uns im Hin und Her:
Halten wollen wir das Leben,
loslassen müssen wir.
Wäre das doch vorbei, dieser Kampf!
Wir bitten dich, Gott:
Sieh uns an und erbarme dich unser!
Lass uns sanft werden,
dass wir voneinander
Abschied nehmen können.
Sei du derjenige, der uns danach auffängt,
im Leben und im Tod. Amen.

Biblisches Trostwort

Gott wird abwischen alle Tränen von ihren Augen,
und der Tod wird nicht mehr sein,
noch Leid noch Geschrei noch Schmerz wird mehr sein;
denn das Erste ist vergangen.
Siehe, ich mache alles neu.

Offenbarung 21

Lesung aus der Literatur

Die Blätter fallen, fallen wie von weit,
als welkten in den Himmeln ferne Gärten;
sie fallen mit verneinender Gebärde.
Und in den Nächten fällt die schwere Erde
aus allen Sternen in die Einsamkeit.
Wir alle fallen. Diese Hand da fällt.
Und sieh dir andre an: es ist in allen.

Und doch ist Einer, welcher dieses Fallen unendlich sanft in seinen Händen hält.

Rainer Maria Rilke

Vaterunser

Vergebender Zuspruch

Gottes Gnade umhülle dich ganz.
Vergeben sei alles, was in deinem Leben den rechten Weg nicht fand.
Gottes Gnade schenke dir Frieden und Heil.

Sterbesegen

Gottes sanfter Segen komme über dich ewiglich.
Jesu Hand führe dich behutsam in Gottes Reich.
Gottes Geist erfülle deine Seele mit ewiger Ruhe.
So segne dich Gott Vater, Sohn und Heiliger Geist.
Amen.

Lieder

Aus tiefer Not schrei ich zu dir (EG 299)
Ach bleib mit deiner Gnade (EG 347)
Wenn wir in höchsten Nöten sein (EG 366)
Jesus, meine Zuversicht (EG 526)

Andacht mit einer/m Sterbenden

wenn die/der Sterbende sehr mit dem Tod ringt

nach Psalm 143

Herr, erhöre mein Gebet,
öffne deine Ohren für mein Flehen.
Du bist doch ein treuer Helfer;
erhöre mein Rufen;
du bist doch ein gerechter Helfer;
geh nicht ins Gericht mit mir,
auch wenn ich vor dir nicht ohne Schuld dastehe.
Es ist mir, wie wenn meine Seele von Feinden verfolgt würde;
sie zerschmettern mein Leben am Boden;
sie legen mich in finstre Kerker,
so als ob ich schon lange tot wäre.
Mein Geist fürchtet sich,
mir bleibt das Herz fast stehen.
Ich muss an frühere Zeiten denken,
was du mir geschenkt hast,
wie du mich geführt und begleitet hast.
Was ist es, dass ich jetzt so gequält werde?
Ich breite meine Hände aus zu dir,
meine Seele verzehrt sich nach dir,
wie dürres Land auf Regen hofft.
Herr, erhöre mich bald, mein Geist vergeht;
verbirg dein Angesicht nicht vor mir,
dass ich nicht im Dunkel versinke.

nach Psalm 143,1-7

Gebet

Guter Gott, wir kommen zu dir in der Not.
... quält sich so. Sie/er ist schon auf dem Weg zu dir,
aber sie/er kann deine Hand noch nicht fassen.
So schauen wir noch einmal zurück auf das Leben von ...
Du hast ihr/ihm viel Gutes geschenkt:
(Hier Erlebnisse und Erfahrungen aus dem Leben aufzählen.)
Aus tiefem Herzen danken wir dir dafür.
Es gab auch schwere Zeiten im Leben von ...
Wir denken an ...
Heute danken wir dir, dass du sie/ihn bewahrt hast durch diese Zeiten hindurch.
Auch bleibt manches unerfüllt, jetzt, wo der Abschied gekommen ist.
Wir legen es dir in die Hände:
die nicht geführten Gespräche, die unerfüllten Wünsche, die Begegnungen,
die nicht mehr möglich waren.
Wir lassen dies alles nun los, denn wir hoffen, dass du vollendest, was hier unvollendet blieb.
Herr, strecke deine Hand aus, dass ... sie erreichen kann.
Hilf ihr/ihm loszulassen und erlöse sie/ihn von den Qualen des Sterbens. Amen.

Biblisches Trostwort

In der Welt habt ihr Angst; aber seid getrost, ich habe die Welt überwunden.

Johannes 16,33b

Wahrlich, ich sage dir: Heute wirst du mit mir im Paradies sein.

Lukas 23,43b

Lesung aus der Literatur

Es ist genug! Mein matter Sinn
sehnt sich dahin,
wo meine Väter schlafen.
Ich hab' es endlich guten Fug,
es ist genug!
Ich muss mir Rast verschaffen.

Ich bin ermüdt, ich hab geführt
des Tages Bürd';
es muss einst Abend werden.
Erlös mich, Herr, spann aus den Pflug,
es ist genug!
Nimm von mir die Beschwerden.

Nun gute Nacht, ihr meine Freund',
ihr meine Feind',
ihr Guten und ihr Bösen!
Euch folg' die Treu, euch folg' der Trug,
es ist genug!
Mein Gott will mich auflösen.

So nimm nun, Herr, hin meine Seel,
die ich befehl'
in deine Händ' und Pflege;
schreib sie ein in dein Lebensbuch.
Es ist genug!
Dass ich mich schlafen lege.

Nicht besser soll es mir ergehn,
als wie geschehn
den Vätern, die erworben
durch ihren Tod des Lebens Ruch.
Es ist genug!
Es sei also gestorben.

Anton Ulrich von Braunschweig

Vaterunser

Vergebender Zuspruch

Von allem, was deine Seele quält, spricht Gott dich frei. Er will dich erlösen. Er will dich bei sich aufnehmen, auf dass du Ruhe findest und Frieden.

Segen

Gott segne dich. Er besänftige deine aufgeschreckte Seele. Er erlöse dich von deinen Schmerzen und nehme dir deine Angst. Gott segne dich. Lass dich in seine segnenden Hände fallen. Amen.

Lieder

Auf meinen lieben Gott trau ich in Angst und Not (EG 345)
So nimm denn meine Hände (EG 376)
Jesu, meine Freude (EG 396)

Andacht mit einer/m Sterbenden
wenn die/der Sterbende sehr mit dem Tod ringt

Psalm 73

Wie der Hirsch lechzt nach frischem Wasser,
so schreit meine Seele, Gott, zu dir.
Meine Seele dürstet nach Gott,
nach dem lebendigen Gott.
Wann werde ich dahin kommen,
dass ich Gottes Angesicht schaue?
Meine Tränen sind meine Speise Tag und Nacht,
weil man täglich zu mir sagt:
Wo ist nun dein Gott?
Daran will ich denken
und ausschütten mein Herz bei mir selbst:
wie ich einherzog in großer Schar,
mit ihnen zu wallen zum Hause Gottes
mit Frohlocken und Danken in der Schar
derer, die da feiern.
Was betrübst du dich, meine Seele,
und bist so unruhig in mir?
Harre auf Gott; denn ich werde ihm noch danken,
dass er meines Angesichts Hilfe und mein Gott ist.

Gebet

Gott, wo bist du nur?
Wir suchen Halt und straucheln doch so.
Wir suchen nach Trost und bleiben doch untröstlich zurück.
Wir sehnen uns nach Geborgenheit und bleiben doch hilflos ausgeliefert.
Wir rufen nach Erlösung und werden doch die Qualen nicht los.
Wo bist du, Gott, mit deinem Halt, mit deinem Trost, mit deinem bergenden Schutz?
Wir rufen dich an:
Komm und mache ... frei von ihren/seinen Qualen.
Gib ihr/ihm Halt durch deine Kraft.
Spende ihr/ihm durch deine Nähe Trost.
Birg du sie/ihn in deinem Arm und erlöse sie/ihn.
Das bitten wir dich durch deinen Sohn, Jesus Christus, der durch die Qualen des Todes gegangen ist hin zu neuem Leben.
Amen.

Biblisches Trostwort

Siehe, ich habe dir geboten, dass du getrost und unverzagt seist. Lass dir nicht grauen und entsetze dich nicht; denn der Herr, dein Gott, ist mit dir in allem, was du tun wirst.

Josua 1,9

Lesung aus der Literatur

Ein Gleiches
Über allen Gipfeln
ist Ruh',
in allen Wipfeln

spürest du
kaum einen Hauch;
die Vögelein schweigen im Walde.
Warte nur, balde
ruhest du auch.

Johann Wolfgang von Goethe

Vaterunser

Vergebender Zuspruch

Gottes Milde lege sich auf dich. Du darfst dich ihm nahen ohne Furcht. Bei ihm wirst du geborgen sein.

Segen

Gott segne dich. Er spende dir Kraft. Er stütze dich auf deinem Weg zu ihm. Amen.

Lieder

O Welt, ich muss dich lassen (EG 521)
Mach's mit mir, Gott, nach deiner Güt (EG 525)
Meine engen Grenzen (EG 600*)

Alles hat seine Zeit

Ein jegliches hat seine Zeit,
und alles Vorhaben unter dem Himmel hat seine Stunde:

Geboren werden hat seine Zeit, sterben hat seine Zeit;
pflanzen, ausreißen, was gepflanzt ist;
töten hat seine Zeit, heilen hat seine Zeit;
abbrechen, bauen,
weinen hat seine Zeit, lachen hat seine Zeit;
klagen hat seine Zeit, tanzen hat seine Zeit;
Steine wegwerfen, Steine sammeln;
herzen hat seine Zeit, aufhören zu herzen seine Zeit;
suchen hat seine Zeit, verlieren hat seine Zeit;
behalten hat seine Zeit, wegwerfen hat seine Zeit;
zerreißen hat seine Zeit, zunähen hat seine Zeit;
schweigen hat seine Zeit, reden hat seine Zeit;
lieben hat seine Zeit, hassen hat seine Zeit;
Streit hat seine Zeit, und Friede hat seine Zeit.

Ich merkte, dass alles, was Gott tut, das besteht für ewig;
man kann nichts dazutun noch wegtun.
Was geschieht, ist schon längst gewesen,
und was sein wird, ist auch schon längst gewesen.
Gott holt wieder hervor, was vergangen ist.

Prediger des Salomo 3,1-8.14a.15

Andacht mit einer/m Sterbenden mit Demenzerkrankung

Psalm 23

Der Herr ist mein Hirte,
mir wird nichts mangeln.
Er weidet mich auf einer grünen Aue
und führet mich zum frischen Wasser.
Er erquicket meine Seele.
Er führet mich auf rechter Straße
um seines Namens willen.
Und ob ich schon wanderte im finstern Tal,
fürchte ich kein Unglück;
denn du bist bei mir,
dein Stecken und Stab trösten mich.
Du bereitest vor mir einen Tisch
im Angesicht meiner Feinde.
Du salbest mein Haupt mit Öl
und schenkest mir voll ein.
Gutes und Barmherzigkeit werden mir folgen
mein Leben lang,
und ich werde bleiben im Hause des Herrn
immerdar.

Gebet

Guter Gott, wir haben Angst
vor dem, was jetzt auf uns zukommt.
Angst, wir könnten fallen,
Angst, wir könnten das nicht schaffen.
So beten wir zu dir in unserer Angst:
Du hast uns seit unseren Kindertagen
begleitet.
So sei du auch jetzt bei uns.
Nimm unseren Dank an:
Danke für die guten Zeiten,
die Frau/Herr ... in ihrem/seinem Leben
erleben durfte,
für Tage, in denen sie/er glücklich und
fröhlich war.
Danke dafür, dass du sie/ihn
in den schweren Tagen nicht alleine
gelassen hast, in denen sie/er traurig war,
auch in den Tagen nicht, in denen es
schwer wurde, einander zu verstehen.
Bei dir sind alle Tage gut aufgehoben,
auch die, die für uns rätselhaft bleiben.
Denn deine Liebe ist viel tiefer, als Worte
es ausdrücken können.
Weil du immer bei uns warst,
vertrauen wir auch jetzt auf dich.
Wir sind doch deine Kinder.
Halte Frau/Herrn ... an deiner Hand und
führe sie/ihn sicher in dein Reich.
Hilf uns loszulassen,
damit dein ewiger Frieden einkehre. Amen.

Biblisches Trostwort

Jesus Christus spricht: Siehe, ich bin bei
euch alle Tage
bis an der Welt Ende.

Matthäus 28,20

Lesung aus der Literatur

Lass warm und hell die Kerzen heute flammen,
die du in unsre Dunkelheit gebracht,
führ, wenn es sein kann,
wieder uns zusammen.
Wir wissen es, dein Licht scheint in der Nacht.

Wenn sich die Stille nun tief um uns breitet,
so lass uns hören jenen vollen Klang
der Welt, die unsichtbar sich um uns weitet,
all deiner Kinder hohen Lobgesang.

Dietrich Bonhoeffer

Vaterunser

Vergebender Zuspruch

Gott, der Herr, hält dich an seiner Hand. Er kennt dich und versteht alle deine Gedanken. Wie ein gütiger Vater nimmt er dich auf in sein Reich. Amen.

Sterbesegen

Der Herr segne dich und behüte dich; der Herr lasse sein Angesicht leuchten über dir und sei dir gnädig;
der Herr erhebe sein Angesicht über dich und gebe dir Frieden.
Amen.

4 Mose 6,24-26

Lieder

Nun danket alle Gott (EG 321)
Großer Gott, wir loben dich (EG 331)
So nimm denn meine Hände (EG 376)
Jesu, geh voran (EG 391)

Andacht mit einer/m Sterbenden
mit Demenzerkrankung

Psalm 73

Dennoch bleibe ich stets an dir;
denn du hältst mich bei meiner rechten Hand,
du leitest mich nach deinem Rat
und nimmst mich am Ende mit Ehren an.
Wenn ich nur dich habe,
so frage ich nichts nach Himmel und Erde.
Wenn mir gleich Leib und Seele verschmachtet,
so bist du doch, Gott, allezeit meines Herzens Trost und mein Teil.
Aber das ist meine Freude, dass ich mich zu Gott halte
und meine Zuversicht setze auf Gott, den Herrn, dass ich verkündige all dein Tun.

Psalm 73,33-26.28

Gebet

Wir rufen zu dir, du unser Gott.
Das Leben ist nur noch ein Hauch und die Tage werden lang.
Wir legen vor dich das ganze Leben von ...
Für alles, was sie/ihn erfreut hat,
für alles, was das Leben für sie/ihn schön und lebenswert gemacht hat,
dafür danken wir dir.
Alles, was schwer war, was ... hat straucheln lassen, was sie/ihn bekümmert hat,
das legen wir in deinen Schoß.
Alles, worin ... unverstanden blieb,
das legen wir dir ans Herz.
Du wirst sie/ihn längst verstanden haben.
Nimm ... in deine Geborgenheit auf.
Schenke ihr/ihm Frieden für Seele, Leib und Geist.
Bleibe bei ihr/ihm von nun an bis in Ewigkeit. Amen.

Biblisches Trostwort

Gott spricht: Ich will euch trösten wie eine Mutter tröstet.

Jesaja 66,13

Lesung aus der Literatur

Stern, auf den ich schaue,
Fels, auf dem ich steh,
Führer, dem ich traue,
Stab, an dem ich geh,
Brot, von dem ich lebe,
Quell, an dem ich ruh,
Ziel, das ich erstrebe,
alles, Herr, bist du.

Ohne dich, wo käme
Kraft und Mut mir her?
Ohne dich, wer nähme
meine Bürde, wer?
Ohne dich, zerstieben
würden mir im Nu
Glauben, Hoffen, Lieben,
alles, Herr, bist du.

Drum so will ich wallen
meinen Pfad dahin,
bis die Glocken schallen
und daheim ich bin.
Dann mit neuem Klingen
jauchz ich froh dir zu:
nichts hab ich zu bringen,
alles, Herr, bist du!
Cornelius Friedrich Adolf Krummacher, EG 407

Vaterunser

Vergebender Zuspruch

Sei getrost. Gott schaut dich gnädig an. Er hört dein Klagen. Er weiß um deine Angst. Er nimmt dich schützend bei sich auf.

Segen

Herr, wir sind vor dir – segne uns.
Wir straucheln so sehr – behüte uns.
Wir ängstigen uns – lass dein Angesicht über uns leuchten.
Wir haben oft versagt – sei uns gnädig.
Wir sind einsam – erhebe dein Angesicht über uns.
Wir fühlen uns zerrissen mit unserem Leben – gib uns und der Welt Frieden. Amen.

Lieder

Lobe den Herren, den mächtigen König der Ehren (EG 317)
Befiehl du deine Wege (EG 361)
Stern, auf den ich schaue (EG 407)
Jesus, meine Zuversicht (EG 526)

Es segne dich Gott, der Vater,
der dich nach seinem Bild geschaffen hat.
Es segne dich Gott, der Sohn,
der dich durch sein Leiden
und Sterben erlöst hat.
Es segne dich Gott, der Heilige Geist,
der dich zum Leben gerufen
und geheiligt hat.
Gott der Vater und der Sohn
und der Heilige Geist
geleite dich durch das Dunkel des Todes
in sein Licht.
Er sei dir gnädig im Gericht
und gebe dir Frieden und ewiges Leben.

Lateinischer Sterbesegen (8. Jhd.)

Andacht mit einer/m Sterbenden
mit geistiger Behinderung

nach Psalm 91

Wer unter dem Schirm des Höchsten sitzt
und unter dem Schatten des Allmächtigen bleibt,
der spricht zu dem Herrn: Meine Zuversicht und meine Burg,
mein Gott, auf den ich hoffe.
Denn Gott errettet dich vor den Fallen, die man dir stellt,
vor Verrat und böser Nachrede.
Er breitet seine Flügel bergend über dich.
Er gibt dir Schutz und sorgt für dich.
So brauchst du dich nicht vor den Gefahren der Dunkelheit zu fürchten
und auch die Schrecken des Tages brauchen dir keine Angst zu machen.
Gott ist deine Zuversicht,
beim höchsten Gott findest du Zuflucht.
Es wird dir nichts Böses geschehen,
und kein Unheil soll sich dir nahen.
Denn Gott hat seinen Engeln befohlen,
dass sie dich behüten auf allen deinen Wegen,
dass sie dich auf den Händen tragen
und du deinen Fuß nicht an einen Stein stoßest.

Gebet

Lieber Gott, es macht mir Angst, so dazuliegen und nicht zu wissen, was kommt.
Wird es dunkel um mich werden?
Werde ich fallen?
Ich weiß es nicht und fürchte mich.
Ich will zu dir beten, denn du warst immer für mich da.
Ich möchte dir danken für die schönen Dinge, die ich erleben durfte,–
wenn ich mit meinen Freunden oder mit meiner Familie etwas unternommen habe
oder wenn wir einfach zusammen waren,
erzählt und gelacht haben.
Manchmal war es auch nicht einfach, –
wenn andere mich angestarrt oder gelacht haben,
auch dann, wenn andere mich nicht verstanden haben.
Aber du hast immer zu mir gehalten,
du warst immer bei mir.
Bitte bleib auch jetzt in meiner Nähe,
nimm mich in deine Hand.
Dann brauche ich nicht solche Angst zu haben. Amen.

Biblisches Trostwort

Und ob ich schon wanderte im finstern Tal, fürchte ich kein Unglück; denn du bist bei mir, dein Stecken und Stab trösten mich.

Psalm 23,4

Selig sind, die da Leid tragen; denn sie sollen getröstet werden.

Matthäus 5,4

Lesung aus der Literatur

Ja, ich will euch tragen
bis zum Alter hin.
Und ihr sollt einst sagen,
dass ich gnädig bin.

Ihr sollt nicht ergrauen,
ohne dass ich's weiß,
müsst dem Vater trauen,
Kinder sein als Greis.

Ist mein Wort gegeben,
will ich es auch tun,
will euch milde heben:
ihr dürft stille ruhn.

Jochen Klepper (EG 380,1-3)

Vaterunser

Vergebender Zuspruch

Gott sieht dich freundlich an. Du brauchst dich nicht zu fürchten. So wie du bist hat Gott dich lieb. So nimmt er dich schützend in seine Arme, damit du bei ihm ewig bleiben kannst.

Segen

Gott segnet dich.
Er segnet dich wie ein Vater schützend seine Hand auf sein Kind legt.
Er bleibt bei dir und verlässt dich nicht.
Gott segnet dich.
Hab keine Angst. Amen.

Lieder

Lobe den Herren, den mächtigen König der Ehren (EG 317)
Großer Gott, wir loben dich (EG 331)
Jesu, geh voran (EG 391)

Hier fängt die enge Pforte an

Das muss ein jeder erwägen und darüber fröhlich werden.

Denn sie ist wohl eng, aber nicht lang. Es geht hier zu, wie wenn ein Kind aus der kleinen Wohnung in seiner Mutter Leib mit Gefahr und Ängsten in diesen weiten Himmel und diese weite Erde geboren wird.

So geht der Mensch durch die enge Pforte des Todes aus diesem Leben. Und obwohl die Welt, in der wir jetzt leben, groß und weit scheint, ist sie doch gegen den zukünftigen Himmel viel enger und kleiner als der Mutter Liebe gegen den Himmel, den wir heute sehen.

Darum heißt das Sterben der Christen eine »neue Geburt«. Aber der enge Gang des Todes macht, dass uns dieses Leben weit und jenes eng erscheint. Christus sagt: Eine Frau, wenn sie gebiert, hat Angst. Wenn sie aber genesen ist, denkt sie nicht mehr an die Angst, weil der Mensch in die Welt geboren ist. So muss man auch in der Angst des Sterbens erwägen, dass danach ein weiter Raum und große Freude sein wird.

Martin Luther

Andacht
mit einem sterbenden Kind

nach Psalm 121
Ich sehe mich um –
Von wo kann denn noch Hilfe kommen?
Die Menschen um mich herum helfen mir.
Aber sie wissen nicht weiter
mit mir und meiner Krankheit.
Ich sehe mich um. –
Von wo kann denn noch Hilfe kommen?
Gott will mir helfen.
Er hat den Himmel und die Erde gemacht.
Er hat mir das Leben geschenkt.
Gott passt auf, dass ich nicht falle.
Er behütet mich Tag und Nacht.
Ja, Gott ist wachsam,
damit ich ruhig gehen kann,
wohin ich gehen muss.
Gott behütet mich, wenn ich von hier weggehe,
Gott behütet mich, wenn ich bei ihm ankomme.
Er bleibt immer bei mir.

nach Psalm 27
Gott ist mein Licht in der Dunkelheit.
Er hilft mir, so brauche ich keine Angst
zu haben.
Gott macht mich stark.
Er ist bei mir, so brauche ich mich vor
niemandem zu fürchten.
Wenn etwas drohend auf mich zukommt,
dann brauche ich nicht den Mut
zu verlieren,
denn Gott schützt mich. Amen.

Gebet
Lieber Gott, warum muss mir das passieren?
Keiner kann mir sagen, warum diese
Krankheit in mir ist.
Auch du sagst nichts dazu.
Ich will nicht sterben. Ich möchte lieber
hier bleiben.
Ich möchte spielen, lernen, lachen,
wie alle anderen Kinder, die gesund sind,
auch.

Lieber Gott, ich merke, dass das nicht so
einfach geht, was ich mir wünsche. Das ist
so schade.
Ich merke, dass ich nicht mehr so viel
Kraft habe zum Spielen und zum Lernen.
Und die Schmerzen hindern mich am
Fröhlichsein.

Deshalb bitte ich dich um ein paar Dinge,
lieber Gott:
Bleib bei mir, wenn meine Kraft noch weniger wird.
Und wenn ich Schmerzen habe,– vielleicht
kannst du
sie dann mit mir zusammen aushalten.
Bleib bei mir ganz besonders dann,

wenn wirklich der letzte Tag von meinem Leben kommt.
Und ich bitte dich: Schütze meine Eltern, meine Geschwister und alle meine Freunde, auch dann, wenn ich nicht mehr bei ihnen lebe.
Lieber Gott, du lässt uns alle nicht allein, das glaube ich, und dafür danke ich dir. Amen.

Lieber Gott, ich habe solche Angst vor dem Tod.
Er kommt mir vor wie ein dunkler Tunnel, in den ich gehen muss, und ich will es gar nicht.
Und alle, die ich lieb habe, Mama, Papa, meine Freundinnen und Freunde, die bleiben alle draußen stehen.
Ich bin ganz allein.
Dabei würde ich so gerne bei ihnen bleiben.
Es ist so schön, mit ihnen zu spielen und zu lachen.
Lieber Gott, kannst du es nicht ein bisschen hell in dem Tunnel machen?
Ich glaube, wenn du da drin bist, dann ist es nicht so schlimm.
Dann bin ich ja nicht alleine.
Bitte bleib bei mir. Und bleib auch bei allen, die ich lieb habe. Amen.

Biblisches Trostwort

Ich bin das Licht der Welt. Wer mir folgt, wird nicht mehr im Dunkeln gehen, sondern wird das Licht des Lebens haben.

Johannes 8,12a

Vaterunser

Zuspruch

Gott schaut dich freundlich an. Alles, was dich niederdrückt, das nimmt er von deinen Schultern. Er liebt dich wie ein guter Freund und verlässt dich nicht. Fürchte dich nicht!

Segen

Gott schützt dich auf deinem Weg. Wenn du Angst hast, kannst du zu Gott fliehen wie unter ein schützendes Dach.
Jesus stärkt dich auf deinem Weg. Wenn dir die Kraft ausgeht, dann kannst du dich bei ihm anlehnen, wie bei einem guten Freund. Gott begleitet dich allezeit. Du bist nicht allein. Amen.

Lieder

Komm, Herr, segne uns (EG 170)
Ich möcht', dass einer mit mir geht (EG 209)
Aus der Tiefe rufe ich zu dir (EG 655*)
Fürchte dich nicht (EG 656*)
Manchmal ist meine Angst riesengroß (MKL*** 2, 73)
Meine Zeit steht in deinen Händen (MKL*** 2, 76)

Der Sämann säet den Samen,
die Erde empfängt ihn, und über ein Kleines
keimet die Blume herauf –

Du liebtest sie. Was auch dies Leben
sonst für Gewinn hat, war klein dir geachtet,
und sie entschlummerte dir.

Was weinest du neben dem Grabe
Und hebst die Hände zur Wolke des Todes
Und der Verwesung empor?

Wie Gras auf dem Felde sind Menschen
dahin, wie Blätter, nur wenige Tage
gehn wir verkleidet einher!

Der Adler besuchet die Erde,
doch säumt nicht, schüttelt vom Flügel den Staub und
kehret zur Sonne zurück.

Matthias Claudius

Andacht
mit einem sterbenden jungen Menschen

Psalm 86
Herr, ich bin arm und hilflos;
höre mich und gib mir Antwort!
Bewahre mein Leben, ich gehöre doch zu dir!
Hilf mir, ich bin doch dein Diener;
du mein Gott, ich verlasse mich auf dich!
Den ganzen Tag schreie ich zu dir;
Hab Erbarmen mit mir, Herr!
Auf dich richte ich mein Herz und meinen Sinn;
Erfülle mich doch wieder mit Freude!
Herr, du bist freundlich und bereit, Schuld zu vergeben;
Voll Güte begegnest du allen, die zu dir beten.
Darum höre jetzt meine Bitte;
Herr, achte auf meinen Hilferuf!
In meiner Not schreie ich zu dir;
du wirst mir Antwort geben.

Psalm 86,1-7; Gute Nachricht 1997

Gebet
Guter Gott, warum muss das sein?
... ist doch noch so jung!
Warum lässt du das zu,
dass sie/er so leiden muss?
Wir kommen mit der Zeit nicht nach.
Alles scheint viel zu kurz.
Es wären doch noch so viele Pläne zu erfüllen.
Es wären noch so viele Gespräche zu führen.
Wie schön wäre es, könnten wir die Zeit verlängern!
Doch du lässt es zu, dass die Stunden abnehmen.
Du lässt es zu, dass der Abschied kommt
und vieles unerfüllt bleibt.
Du lässt es zu,–
und dennoch kommen wir und suchen Zuflucht bei dir.
Wir wollen vertrauen, dass du ... bei dir bergen willst,
dann wenn sie/er hier alles loslassen muss.
Wir wollen vertrauen, dass du sie/ihn nicht verlässt,
auch wenn sie/er alles verlassen muss.
So nimm dich ihrer/seiner an.
Behüte und beleite sie/ihn auf dem Weg zu dir.
Amen.

Biblisches Trostwort
Sei getreu bis in an den Tod, so will ich dir die Krone des Lebens geben.

Offenbarung 2,10b

Lesung aus der Literatur

Motette
Der Mensch lebt und bestehet
nur eine kleine Zeit,
und alle Welt vergehet
mit ihrer Herrlichkeit.
Es ist nur Einer ewig und an allen Enden
Und wir in seinen Händen.

Matthias Claudius

Vaterunser

Vergebender Zuspruch

Sei getrost! Was Stückwerk blieb in deinem Leben, das fügt Gott zusammen. Wo Wunden offen blieben, da will Gott heilend wirken. An deinem Leiden trägt er mit.

Segen

Gott schütze dich. Er lege seine Hand auf deine wunde Seele. Mit offenen Armen komme er dir entgegen und geleite dich in seinen ewigen Frieden. Amen.

Lieder

Bewahre uns, Gott (EG 171)
Bleibet hier und wachet mit mir (EG 585*)
Aus der Tiefe rufe ich zu dir (EG 655*)

Andacht
mit einem sterbenden jungen Menschen

nach Psalm 22

Mein Gott, mein Gott, warum hast du mich verlassen?
Ich schreie, aber du kommst mir nicht zu Hilfe.
Mein Gott, am Tage rufe ich, aber du antwortest mir nicht.
Nachts wälze ich mich hin und her und flehe dich an,
doch du schenkst mir keine Ruhe.
Nie kamst du mir so weit weg vor wie jetzt.
Mir scheint, du thronst teilnahmslos über meinem Leid.
Generationen vor mir haben schon an dich geglaubt.
Hast du ihnen nicht immer wieder aus der Not heraus geholfen?
Zu dir schrien sie und wurden gerettet,
sie setzten all ihre Hoffnung auf dich
und du enttäuschtest sie doch nicht,–
so haben es viele erzählt.
Deshalb gebe ich nicht auf, auf deine Hilfe zu warten;
denn ich habe Angst und kein Mensch sonst kann mich retten.
So komm, mein Gott, mache dich auf, aus der Ferne mir zu helfen.
Ich verlasse mich auf deine Stärke.

Gebet

Gott, der Schmerz meiner Seele ist so groß wie ein ausgetrockneter See.
Ich möchte schreien, doch mein Schreien bleibt mir würgend im Halse stecken.
Ich möchte weinen, doch meine Tränen bleiben brennend hinter meinen Lidern liegen.
Ich kann nicht mehr, Gott!
Siehst du das nicht?
Ich verstehe es nicht, Gott! Hörst du nicht mein Fragen?
Ich ertrage es nicht mehr, Gott! Verstehst du nicht mein stummes Klagen?
Ich lege alles vor dich: Mein Klagen, mein Nicht-mehr-weiter-Können, meine vielen Fragen, die niemand beantworten kann.
Und ich frage dich:
Warum ich, Gott, warum ich?
Was habe ich getan, dass ich so mit Krankheit und Schmerzen geschlagen bin?
Wie viel Zeit bleibt mir noch?
Und kann ich nicht doch noch auf Heilung hoffen?
Mein Gott, ich bete im leeren Raum,
und ich hoffe, du bist im leeren Raum dennoch da.
Ich bitte dich: Hör mich an!
Heile mich von der Qual der Unbeantwortbarkeit der Fragen.
Sei bei meinen Lieben, wenn ich gehen muss.
Und halte mich, wenn ich den Boden unter den Füßen verliere.

Ich vertraue dir trotz aller Hoffnungslosigkeit.
Enttäusch mich nicht!
Amen.

Biblisches Trostwort

Jesus rief zu Gott in seiner Not: »Mein Vater, alles ist dir möglich; nimm diesen Kelch von mir; doch nicht, was ich will, sondern was du willst!«

Markus 14,36

In deine Hände befehle ich meinen Geist.
Du hast mich erlöst, Herr, du treuer Gott.

Psalm 31,6

Lesung aus der Literatur

Auf der andern Seite des Monds

Auf der andern Seite des Monds
gehen
in goldene Kleider gehüllt
deine wirklichen Tage
sie wohnen
wie sonst du
in Helle
verscheucht von hier
weggescheucht
wandeln sie dort
du weißt es sind deine

Du aber empfängst
Morgen nach Morgen
ihre Stellvertreter:
fremder
als jedes fremde Land.

Du weißt
die deinen
wandeln in Helle
sie ziehen Tag um Tag
neben dir her
nur auf der anderen Seite des Monds.

Hilde Domin

Vaterunser

Vergebender Zuspruch

Wirf die Last, die dich drückt, in Gottes Schoß. Er nimmt dir ab, was dir zu schwer geworden. Traue auf ihn. Er will dir Hilfe sein und Kraft.

Segen

Gott stärke dich für den Weg, den du gehen wirst. Jesus Christus sei dir ein treuer Begleiter, der keinen Moment von deiner Seite weicht. Der Heilige Geist heile deine aufgewühlte Seele und nehme dir deine Angst. So segne dich Gott Vater, Sohn und Heiliger Geist. Amen.

Lieder

Aus tiefer Not schrei ich zu dir (EG 299)
Befiehl du deine Wege (EG 361)
Wer kann dich, Herr, verstehen (EG 649*)
Fürchte dich nicht (EG 656*, 1.2)

Wo?

Wo wird einst des Wandermüden
letzte Ruhestätte sein?
Unter Palmen in dem Süden?
Unter Linden an dem Rhein?

Werd ich wo in einer Wüste
eingescharrt von fremder Hand?
Oder ruh ich an der Küste
eines Meeres in dem Sand?

Immerhin! Mich wird umgeben
Gotteshimmel, dort wie hier,
und als Totenlampen schweben
nachts die Sterne über mir.

Heinrich Heine

Andacht mit einer/m Sterbenden
mittleren Alters

nach Psalm 71

Auf dich, mein Gott, vertraue ich.
Ich bitte dich: Lass mich nicht so elend zugrunde gehen.
Errette mich von den Schmerzen meines Körpers,
von den quälenden Sorgen meiner Seele befreie mich.
Erhöre mein Gebet!
Auch wenn es lange her ist, dass ich zu dir gebetet habe:
Jetzt brauche ich deine Hilfe so sehr.
Ich möchte zu dir fliehen, mich bei dir bergen, denn ich fühle mich meinem Schicksal schutzlos ausgeliefert.
Sei mir eine feste Burg, in der ich Unterschlupf finden kann,
ein starker Fels, an den ich mich anlehnen kann.
Denn du bist meine Hoffnung, Herr, mein Gott.
Schon als ich jung war, habe ich in schweren Zeiten
bei dir neue Kraft tanken können.
Lass mich nicht einfach fallen, jetzt, wo ich älter geworden bin
und meine Kraft so plötzlich abnimmt.
Du lässt es zu, dass ich so viel Angst und Schmerz erlebe.
Du wirst auch dafür sorgen, dass ich Trost finde.
Du lässt es zu, dass ich bald Abschied nehmen muss.
Du wirst mir doch am Ende wieder neues Leben schenken.
Das hast du uns versprochen.
So will ich darauf meine Hoffnung setzen.

Gebet

Gott, mit Kummer auf dem Herzen wenden wir uns dir zu.
Jeder Tag raubt ein bisschen mehr Leben von Frau/Herrn …
Wir klagen dir, dass ihr/sein Leben so jäh abgebrochen wird.
Wir klagen dir ihre/seine Schmerzen und ihre/seine Angst.
Wir klagen dir die zermürbende Ungewissheit und die Sorgen,
die in diesen Tagen Leib und Seele der Familie von Frau/Herrn … niederdrücken.
Wir hoffen darauf, dass du an unserem Leid nicht einfach vorbeisiehst.
Wir hoffen, dass du hier an unserer Seite bist, hier am Bett von Frau/Herrn …
Wir bitten dich: Spende Frau/Herrn … Kraft, dass sie/er die letzten
Stunden ihres/seines Lebens ertragen kann.
Erlöse sie/ihn von ihren/seinen Schmerzen.
Gib den Angehörigen Stärke, Frau/Herrn … in diesen schweren Stunden zu begleiten.
Bleibe du helfend hier an ihrer Seite.
Amen.

Biblisches Trostwort

Ich aber, Gott, hoffe auf dich und spreche: Du bist mein Gott! Meine Zeit steht in deinen Händen.

Psalm 31,15-16a

Lesung aus der Literatur

Ein Traum ist unser Leben

Ein Traum, ein Traum ist unser Leben
auf Erden hier.
Wie Schatten auf den Wogen schweben
und schwinden wir.
Und messen unsre trägen Schritte
nach Raum und Zeit,
und sind – und wissens nicht – in Mitte
der Ewigkeit.

Johann Gottfried Herder

Vaterunser

Vergebender Zuspruch

Du darfst Gott nahen, so wie du bist.
Denn in deiner Not will Gott dir helfen.
Er möge dich befreien von allem Dunklen,
was auf deiner Seele lastet.
Was du versäumt hast, das möge er zum Guten wenden.
Deine Schmerzen möge er heilen und dich trösten in deiner Angst.
In seine Nähe möge er dich führen,
denn dort kannst du sicher und geborgen sein.

Segen

Herr, wir bitten: Komm und segne uns;
lege auf uns deinen Frieden.
Segnend halte Hände über uns.
Rühr uns an mit deiner Kraft.
Amen.

Peter Strauch (EG 607)*

Lieder

Bewahre uns, Gott (EG 171)
Ich steh vor dir mit leeren Händen, Herr (EG 382)
Meine Hoffnung und meine Freude (Taizé-Liederheft**, 17)
Meine Zeit steht in deinen Händen (MKL*** 2, 76)

Vergiss die Träume nicht

Vergiss die Träume nicht
wenn die Nacht
wieder über dich hereinbricht
und die Dunkelheit
dich wieder gefangen zu nehmen droht.
Noch ist nicht alles verloren.
Deine Träume und deine Sehnsüchte
tragen Bilder der Hoffnung in sich.
Deine Seele weiß,
dass in der Tiefe Heilung schlummert
und bald in dir
ein neuer Tag erwacht.

Ich wünsche dir,
dass du die Zeiten der Einsamkeit
nicht als versäumtes Leben erfährst,
sondern dass du beim Hineinhorchen
in dich selbst
noch Unerschlossenes in dir entdeckst.

Ich wünsche dir,
dass dich all das Unerfüllte
in deinem Leben
nicht erdrückt,
sondern dass du dankbar sein kannst
für das, was dir an Schönem gelingt.

Ich wünsche dir,
dass all deine Traurigkeiten
nicht vergeblich sind,
sondern dass du aus der Berührung
mit deinen Tiefen
auch Freude
wieder neu erleben kannst.

Irischer Segenswunsch

Andacht mit einer/m Sterbenden
vor einer kritischen Operation

nach Psalm 88

Herr, Gott, mein Retter,
ich rufe zu dir Tag und Nacht.
Lass mein Gebet zu dir dringen
und nimm dich meiner Sorgen an.
Meine Seele quillt über vor Leid,
denn mein Leben ist in Gefahr.
Man sieht mich schon an wie einen,
der längst tot ist;
und das alles, weil ich kaum noch Kraft habe.
Ich liege hier sterbenseinsam und verlassen,
gefangen in meiner Angst, und ich kann
nicht heraus.
Bist du noch bei mir? Oder strafst du mich
etwa mit dem, was ich hier durchmache?
Mein Gott, ich verzweifle an dir.
Doch ich sehne mich so aus dem Elend
heraus,
dass ich nicht aufgebe, zu dir zu schreien:
Lass mich nicht sterben, sondern heile
meine Seele.
Bleibe bei mir, wenn alles dunkel um mich
wird.

Gebet

Gott, hier liege ich hilflos und voller Angst.
Meine Gedanken rasen wie ängstliche
Schatten.
Bin ich am Ende meines Lebens angekommen?
Muss ich sterben oder gibt es doch noch
Hoffnung? Ein Funke nur.
Ich weiß nicht mehr, wem ich vertrauen kann:
den Diagnosen, die die Ärzte erstellt haben;
den Hoffnungen und Versprechen,
die sie mir dennoch immer wieder machen;
oder den Befürchtungen, die ich in ihren
Augen lese?
Diese Ungewissheit macht mich verrückt.
Und in meiner Angst weiß ich nicht mehr,
was ich denken soll.
So fliehe ich zu dir, du meine einzige Hoffnung im Leben und im Sterben.
Hilf mir, diese Stunden der Angst durchzustehen.
Gib mir Kraft für die anstehende
Operation.
Wenn es sein soll, dann lass mich leben!
Wenn es sein soll, dann nimm mich bei dir
auf.
Dir vertraue ich mein Leben an.
Dir vertraue ich auch alle meine Lieben an,
die ich vielleicht zurücklassen muss.
Und ich danke dir, ja, ich danke dir,
dass du mir mein Leben geschenkt hast,
mit allen Freuden, die du mich erleben
ließest,
und mit allem Leid, das ich mit dir durchgestanden habe.
Herr, was auch geschieht, du bleibst doch
mein Gott.
Deiner Fürsorge befehle ich mich an.
Amen.

Biblisches Trostwort

In der Welt habt ihr Angst, aber seid getrost, ich habe die Welt überwunden.

Johannes 16,33

Lesung aus der Literatur

Das ist mein einziger Trost im Leben und im Sterben, dass ich mit Leib und Seele, im Leben und im Sterben, nicht mir, sondern meinem getreuen Heiland Jesus Christus gehöre.

Heidelberger Katechismus 1563, Frage 1

Vaterunser

Zuspruch

Gott ist in Jesus Christus an deiner Seite. Er will dir deine Last abnehmen: Alles Leid, allen Schmerz, all deine Angst dürfen auf seinen Schultern ruhen. Lass ihn diesen Dienst für dich tun, denn er hat längst das Kreuz getragen, damit wir leben können.

Segen

Segen komme über dich und durchflute dich,–
Leben schaffender, heilender Segen aus Gottes Hand.
Er besänftige deinen Schmerz.
Er tröste dich in deiner Angst.
Er lasse Zuversicht wachsen,
wo keine Hoffnung ist.
Er geleite dich aus dem Dunkel ins Licht.
Amen.

Lieder

Von guten Mächten treu und still umgeben (EG 65 u. 652*)
Befiehl du deine Wege (EG 361)
Was mein Gott will gescheh allzeit (EG 364)
Du kannst nicht tiefer fallen (EG 533)

Andacht mit einer/m Sterbenden
vor einer kritischen Operation

Psalm 143
Herr, erhöre mein Gebet,
vernimm mein Flehen um deiner Treue willen,
erhöre mich um deiner Gerechtigkeit willen;
und geh nicht ins Gericht mit deinem Knecht;
denn vor dir ist kein Lebendiger gerecht.
Denn der Feind verfolgt meine Seele
und schlägt mein Leben zu Boden,
er legt mich ins Finstere
wie die, die lange schon tot sind.
Und mein Geist ist in Ängsten,
mein Herz ist erstarrt in meinem Leibe.
Ich denke an die früheren Zeiten;
ich sinne nach über all deine Taten
und spreche von den Werken deiner Hände.
Ich breite meine Hände aus zu dir,
meine Seele dürstet nach dir wie ein dürres Land.
Herr, erhöre mich bald, mein Geist vergeht;
verbirg dein Antlitz nicht vor mir,
dass ich nicht gleich werde denen, die in die Grube fahren.

Psalm 143,1-7

Gebet
Ich habe Angst, Gott,
denn ich befürchte Schlimmes!
Wer weiß, wie die Operation ausgeht?!
Wer weiß, ob ich durchkomme?!
Was, wenn ich ein Pflegefall werde?!
Was wird mit meinen Angehörigen,
wenn ich wirklich nicht mehr da bin?!
So viele Fragen kreisen in meinem Kopf.
Ich wünschte, du würdest sie mir beantworten.
Doch ich höre nur dein Schweigen.
Ich will dir glauben, was du versprochen hast:
dass du bei mir bist, auch in der allergrößten Not.
So rufe ich zu dir:
Komme mir zu Hilfe.
Ich brauche jetzt deine Nähe.
Stehe mir bei, wenn mein Leben auf dem Spiel steht.
Ich warte auf dich.
Amen.

Biblisches Trostwort
Ich bin gewiss, dass weder Tod noch Leben, weder Gegenwärtiges noch Zukünftiges uns scheiden kann von der Liebe Gottes, die in Christus Jesus ist, unserem Herrn.

aus Römer 8, 38-39

Lesung aus der Literatur
Ohne Vorbehalt und ohne Sorgen
leg' ich meinen Tag in deine Hand.

Sei mein Heute, sei mein gläubig Morgen,
sei mein Gestern, das ich überwand.

Frag' mich nicht nach meinen Sehnsuchts-
wegen,
bin in deinem Mosaik ein Stein.
Wollst mich an die rechte Stelle legen,
deinen Händen bette ich mich ein.

Edith Stein

Vaterunser

Zuspruch

Gott ist Geborgenheit in der Angst.
Gott ist Zufluchtsort in der Gefahr.
So lege Gott sich um dich her, damit du sicher und behütet seist. Amen.

Segen

Ich rufe zu dir, denn du, Gott, wirst mich erhören.
Neige deine Ohren zu mir, höre meine Rede!
Behüte mich wie einen Augapfel im Auge,
beschirme mich unter dem Schatten deiner Flügel.
So segne du mich, mein Gott.

Ruth Bär nach Psalm 17,6.8

Lieder

Aus tiefer Not schrei ich zu dir (EG 299)
Auf meinen lieben Gott trau ich in Angst und Not (EG 345)
Herr, bleibe bei uns (EG 483)

Was ist der Tod?

Jeden Tag sag ich mir:
Der Tod ist wie
wenn einer nach einer schweren Krankheit aufsteht.
Jeden Tag sag ich mir:
Der Tod ist wie
wenn man einen Duft einatmet,
wie wenn man sich in einem berauschenden Land befindet.
Jeden Tag sag ich mir:
Der Tod ist wie
der Moment, wenn der Himmel aufklart
und ein Mann mit seinem Netz losgeht,
um Vögel zu fangen – und auf einmal findet er sich
an einem unbekannten Ort wieder!

Was ist der Tod?

Ein aufrechtes Herz,
wenn die Zeit gekommen ist.

Altes Ägyptisches Lied

Andacht mit einer/m Sterbenden
nach einem Unfall

nach Psalm 69

Gott, hilf mir! Mir steht das Wasser bis
zum Hals.
Ich versinke in tiefem Schlamm,
ich finde keinen Halt mehr.
Wie in einem Strudel werde ich nach unten
gezogen
und Wassermassen stürzen über mich ein.
Ich schrie zu dir,
bis ich keine Stimme mehr hatte,
Nun starren meine Augen ins Leere,
weil ich vergeblich auf dich warte.
Gott, du weißt um meine Unvorsichtigkeit,
und meine Schuld bleibt vor dir nicht verborgen.
Ich aber bete zu dir, mein Gott, weil du
gnädig bist.
Gott, erhöre mich in deiner Güte,
hilf mir mit deiner treuen Hilfe.
Errette mich aus dem Schlamm,
damit ich nicht versinke,
damit mich die Wassermassen nicht ersäufen
und die Tiefe mich nicht verschlingt;
denn mir ist angst: erhöre mich bald.
Erbarme dich und erlöse meine Seele.
Amen.

nach Psalm 69,1-4.6.14-16.18

Gebet

Mein Gott, was ist geschehen?
Wie konnte das passieren?
Mit Tatendrang begann der Tag,
voll Hilflosigkeit geht er nun zur Neige.
Wir sind erschüttert,
wie plötzlich alles in Frage stehen kann,
was vorher so selbstverständlich war.
Wir sind entsetzt,
wie alles einstürzen kann,
was uns als so sicher galt.
Glauben können wir nur noch zögerlich:
Denn, wo warst du, Gott?
Wo warst du, als es kein Zurück mehr gab,
wo, als sich alles zu drehen bekann,
wo, als der Schmerz sich in den Körper
bohrte?
Dennoch, wir wollen dir glauben:
Du, Jesus, weißt doch, wie das ist, am
Ende zu sein.
Hilf uns jetzt!
Wir glauben, dass du so sehr um uns
weißt,
dass du jetzt ganz nahe bist.
Wir bitten dich: Lass uns nicht allein in unserem Schmerz und Entsetzen:
Und lass am Ende das Leben über den Tod
siegen,
so wie du es durch deine Auferstehung
verheißen hast. Amen.

Biblisches Trostwort

Dennoch bleibe ich stets an dir; denn du hältst mich bei meiner rechten Hand, du leitest mich nach deinem Rat und nimmst mich am Ende mit Ehren an. Wenn ich nur dich habe, so frage ich nichts nach Himmel und Erde. Wenn mir gleich Leib und Seele verschmachtet, so bist du doch, Gott, meines Herzens Trost und mein Teil.

Psalm 73,23-26

Lesung aus der Literatur

Bis hier von Gott geleitet
und von Ihm bewahrt
bis hier recht zubereitet
auf langer Lebensfahrt

Ein volles Menschenleben
in Freude und im Leid
mit Höhen und mit Tiefen
in wandelbarer Zeit

Nun sich das Blatt gewendet
wird es nicht anders sein
der Rat und Segen sendet
wird weiter mit dir sein.

Ingrid Plath

Vaterunser

Vergebender Zuspruch

Gott, dein Begleiter, verlässt dich nicht. Er ist an deiner Seite, so dunkel auch das Tal, durch das du gehst. Du wirst nicht fallen, auch deine Lieben nicht. Denn Gottes Hand führt durch die Not zu neuem Leben.

Segen

Gott segne deinen Ausgang und Eingang von nun an bis in Ewigkeit. Amen.

Lieder

Lass mich dein sein und bleiben (EG 157)
Aus tiefer Not schrei ich zu dir (EG 299)
Du kannst nicht tiefer fallen als nur in Gottes Hand (EG 533)

Andacht mit einer/m Sterbenden
nach einem Unfall

nach Psalm 43

Gott, gib mir Geleit in dieser schweren Zeit.
Ich brauche dich jetzt.
Ob ich im Recht bin, das ist nun unwichtig,
nur dass die anderen mich nicht beschimpfen,
weil ich vielleicht unvorsichtig war.
Du bist doch der Gott meiner Stärke,
du wirst mich nicht beschimpfen;
bei dir kann ich Zuflucht nehmen.
Aber ich frage dich:
Warum ist mir das zugestoßen?
Warum war ich genau zu dieser Zeit an diesem Ort,
wo es passierte?
Warum hast du mich nicht bewahrt vor dem Unglück? –
Du gibst mir keine Antwort, solange ich auch frage.
So bleibt mir, dich zu bitten:
Sende dein Licht in meine Dunkelheit.
Führe du mich auf dem Weg, vor dem ich mich so fürchte.
Wenn es der Weg deiner Wahrheit ist,
dann führt er mich ganz in deine Nähe,
dort, wo ich geborgen sein kann,
dort, wo ich dir ewig danken werde für alles Gute,
was ich in meinem Leben aus deiner Hand nehmen durfte.
Nun, was betrübst du dich, meine Seele,
und bist so unruhig in mir? –
Auf Gott will ich hoffen,
ich werde nicht aufhören, ihn zu loben,
weil er mein Gott ist,
der mir auch in der größten Not noch hilft.

Gebet

Gott, wir kommen zu dir in unserer Not.
Wir können noch nicht glauben, was passiert ist.
Alles ging so schnell.
Und nun liegt ... hier hilflos und elend.
Der Körper brennt vor Schmerzen.
Der Kopf schreit vor Fragen.
Wir wissen nicht, wie ... das aushalten soll, Gott.
Nur du kannst noch helfen.
Nur du kannst noch etwas tun, wo Menschen nicht mehr weiterwissen.
Lindere die Schmerzen, heile die Seele.
Nimm an, was gebrochen ist
und füge du zusammen, was wir nicht verstehen.
Nimm ... die Angst vor dem Ende,
indem du uns zeigst, dass du da bist.
Amen.

Biblisches Trostwort

Es wird nicht dunkel bleiben über denen,
die in Angst sind.

Jesaja 8,23a

Lesung aus der Literatur

Es mag sein, dass alles fällt,
dass die Burgen dieser Welt
um dich her in Trümmer brechen.
Halte du den Glauben fest,
dass dich Gott nicht fallen lässt:
Er hält sein Versprechen.

Es mag sein, so soll es sein!
Fass ein Herz und gib dich drein;
Angst und Sorge wird's nicht wenden.
Streite, du gewinnst den Streit!
Deine Zeit und alle Zeit
stehn in Gottes Händen.

Rudolf Alexander Schröder (EG 378,1.5)

Vaterunser

Zuspruch

Fürchte dich nicht! Gott ist dein Zufluchtsort. Er schützt dich, er sorgt für dich, er nimmt dich liebevoll bei sich auf.

Segen

Möge der Herr dich in seinen Armen bergen; dort bist du in Sicherheit.
Bei ihm brauchst du keine Angst zu haben.
Möge er dir Kraft und Mut schenken,
dir gnädig sein und dich behüten –
heute, morgen und allezeit.

Lieder

Jesus, meine Zuversicht (EG 526)
Noch kann ich es nicht fassen (EG 531)

Andacht mit einer/m Sterbenden
nach einem verschuldeten Unfall

nach Psalm 124

Würde mir Gott nicht beistehen,
dann wäre ich jetzt verloren.
Würde mir Gott nicht beistehen,
dann würden mich die Menschen,
denen ich dieses Unglück angetan habe,
erdrücken mit ihrer Wut.
Würde mir Gott nicht beistehen,
dann würde ich in meiner Schuld ertrinken,
Ströme von Schande würden mich überfluten.
Ich hätte keinen Halt mehr.
Gottlob überlässt du mich nicht völlig schutzlos ihrem Zorn.
Du lieferst mich auch nicht meiner eigenen Schuld aus.
Du errettest meine Seele
wie einen Vogel aus dem Netz des Vogelfängers.
So kann ich wieder frei atmen.
Dafür danke ich dir aus tiefstem Herzen.

Gebet

Ich habe den Halt verloren, mein Gott.
Mir wanken die Knie, ich kann mich kaum noch halten.
Was galt, hat keine Geltung mehr.
Wovon ich überzeugt war, das verliert sich im Nichts.
Ratlos stehe ich da mit meiner Schuld,
weiß nicht, wie ich sie tragen soll.
Wie konnte das geschehen, mein Gott, wie nur?!
Ich war zu unvorsichtig, leichtsinnig,
habe eine Sekunde lang nicht Acht gegeben.

Nein, ich wollte niemanden verletzen.
Und ich wollte auch mein Leben nicht aufs Spiel setzen.
Du weißt, wie sehr ich es genossen habe zu leben.
Jetzt stehe ich da, hilflos und bin am Ende.

Ich rufe zu dir in meiner Not:
Sei den Menschen nahe, die ich ins Unglück gestoßen habe.
Gib ihnen Kraft und Hoffnung.
Für mich bitte ich dich:
Hilf mir, dass mich meine Schuld nicht erdrückt.
Schenke mir Kraft und verlass mich nicht,
auch dann nicht, wenn das Ende kommt.
Amen.

Biblisches Trostwort

Es nahten sich Jesus allerlei Zöllner und Sünder, um ihn zu hören.
Und die Pharisäer und Schriftgelehrten murrten und sprachen: Dieser nimmt die Sünder an und isst mit ihnen. Er aber sagte zu ihnen dies Gleichnis und sprach: Welcher Mensch ist unter euch, der hun-

dert Schafe hat und, wenn er *eins* von ihnen verliert, nicht die neunundneunzig in der Wüste lässt und geht dem verlorenen nach, bis er's findet? Und wenn er's gefunden hat, so legt er sich's auf die Schulter voller Freude. Und wenn er heimkommt, ruft er seine Freunde und Nachbarn und spricht zu ihnen: Freut euch mit mir; denn ich habe mein Schaf gefunden, das verloren war. Ich sage euch: So wird auch Freude im Himmel sein über *einen* Sünder, der Buße tut, mehr als über neunundneunzig Gerechte, die der Buße nicht bedürfen.

Lukas 15,1-7

Wenn unser Herz uns verdammt, ist Gott größer als unser Herz und erkennt alle Dinge.

1 Johannes 3,20

Lesung aus der Literatur

Es ist nicht auszudenken, was Gott aus den Bruchstücken unseres Lebens machen kann, wenn wir sie ihm ganz überlassen.

Blaise Pascal

Wenn du uns richtest, Herr, sind wir verloren.
Auf unsern Schultern lastet schwere Schuld.
Lass deine Gnade, Herr, vor Recht ergehen;
von gestern und von morgen sprich uns los.

Christa Weiß

Vaterunser

Vergebender Zuspruch

Wie eine Hand den Tau vom Fenster wischt, so wische Gott alle Schuld von deiner Seele. Er mache deinen Blick klar, – klar für das, woran du beteiligt warst, klar für die Gnade Gottes, die dir trotzdem gilt.

Segen

Gott segne dich. Deine Wunden an Leib und Seele mögen Heilung finden. In Gottes ewiger Nähe mögest du sicher ruhn. Amen.

Lieder

Jesus nimmt die Sünder an (EG 353)
Mir ist Erbarmung widerfahren (EG 355)
Aus der Tiefe rufe ich zu dir (EG 655*)

Andacht mit einer/m Sterbenden
nach einem unverschuldeten Unfall

nach Psalm 31

Gott, dir vertraue ich, lass mich nicht fallen,
sondern errette mich durch deine Gerechtigkeit!
Öffne dein Ohr für mich und hilf mir bald!
Sei du mein Zufluchtsort, meine Burg,
das wäre mir eine Hilfe.
Ja, mein Fels und meine Burg bist du.
Denn wenn du Gott bist,
dann wirst du mich jetzt nicht im Stich lassen,
dann wirst du meine wagen Schritte lenken,
dass ich bei dir heil und sicher wohne.
Dann wirst du mich aus dem Netz ziehen,
in das ich gestürzt bin,
denn du bist stärker als alle Gewalten.
In deine Hände befehle ich meinen Geist;
du erlöst mich, Gott, mein treuer Helfer.

Gebet

Mein Gott, es ist entsetzlich, was wir erlebt haben.
Wie ein Donnerschlag hat der Unfall Frau/Herrn ... aus dem blühenden Leben gerissen.
Die Schmerzen sind kaum auszuhalten.
Die schrecklichen Bilder, die sich überschlagenden Stimmen jagen im Kopf umher.
Nun wollen wir bei dir versuchen, zur Ruhe zu kommen;
denn du bist im größten Unheil doch unsere Zuflucht, unsere Burg, in der wir uns bergen können.
Wir bitten dich: Lass deine Kraft in Frau/Herrn ... strömen, dass sie/er die Schmerzen ertragen kann.
Lass nicht zu, dass Bilder des Unfalls diese letzten Stunden erfüllen, sondern schenke gerade jetzt die Erinnerung an gute Zeiten.
Gib Gnade in unser Herz, dass nicht Groll über die Schuldigen die Qualen noch verschlimmern.
Schließlich lass bei Frau/Herrn ... Vertrauen wachsen,
dass du sie/ihn am Ende in deine ewig bergende Nähe aufnimmst.
Das bitten wir dich durch Jesus Christus, deinen Sohn, der selbst die Schrecken dieser Welt durchlebt hat. Amen.

Biblisches Trostwort

Wirf dein Anliegen auf den Herrn; der wird dich versorgen und wird den Gerechten in Ewigkeit nicht wanken lassen.

Psalm 55,23

Wahrlich, ich sage dir: Heute wirst du mit mir im Paradies sein.

Lukas 23,43b

Lesung aus der Literatur

Nach Trost schreit die Welt
doch ist sie so leer
wo nimmt der, der fällt
den Trost nur her

Niemand kann geben
was er nicht hat
in unserem Leben
findet Trost nicht statt

Einer kann trösten
und das ist Gott
geh zu dem Höchsten
Er heilt alle Not

Ingrid Plath

Vaterunser

Zuspruch

Möge Gott dir Frieden schenken,
Frieden deinem Leib, der vor Schmerzen sich krümmt,
Frieden deinem Geist, der voller Fragen fast zerreißt,
Frieden deiner Seele, die voller Abschiedsschmerz weint.
Möge Gott dir Frieden schenken, dass du in ihm ruhst.

Segen

Gott segne dich mit deinem ganzen Körper.
Gott segne deine Füße, die dich weit getragen haben von Ort zu Ort.
Gott segne deine Arme, die du flehend erhoben hast in Not.
Gott segne deine Hände, mit denen du gearbeitet hast, Tag für Tag.
Gott segne dein Haupt, mit dem du das Leben erschaut hast.
Gott segne deine Seele, dass du Ruhe und Frieden findest in Gott. Amen.

Lieder

Ich weiß, woran ich glaube (EG 357)
Ein feste Burg ist unser Gott (EG 362)
Herr, deine Liebe ist wie Gras und Ufer (EG 663*)

Andacht mit einer/m Sterbenden

nach einem verschuldeten Unfall mit mehreren Opfern

nach Psalm 51

Gott, bitte schaue mich doch gnädig an!
Du bist doch der Gott, der die Schuld nicht heimzahlt, sondern barmherzig und gütig ist.
Mit klarem Wasser wasche mich rein von dem, was ich anderen angetan habe.
Reinige mich von meiner Schuld;
denn ich erkenne, dass ich ohne Umsicht gehandelt habe;
Leichtsinn war der Vater meines Verhaltens.
Indem ich Menschen ins Unglück gezogen habe,
habe ich dir selbst Schmerz zugefügt.
Dich, mein Gott, habe ich verletzt.
Und du hast Recht behalten mit deinem Wort, dass du rein dastehst als Richter.
So bitte ich dich: Reinige mein Herz und kläre meine Sinne.
Verwirf mich nicht, verschone mich vor Strafe und nimm deinen heiligen Geist nicht von mir.
Erfreue mich mit deiner Hilfe,
gib mir Kraft, um Vergebung zu bitten.

Gebet

Entsetzt schlage ich meine Hände vor die Augen:
Mein Gott, das habe ich nicht gewollt!
Alles ging so schnell, Bruchteile von Sekunden.
Andere habe ich mitgerissen ins Unglück,
und ich bin selbst am Ende meiner Kraft
Wie kann ich bloß um Vergebung bitten?-
Ich komme zu dir und weine alles heraus:
meine Angst, meine Schuld, meine Wut.
Dir bringe ich alles in der Hoffnung,
dass du tragen kannst, was ich alleine nicht imstande bin zu tragen.
Ich bitte dich:
Gib denen Kraft, deren Leid ich mit zu verantworten habe.
Lass Menschen bei ihnen sein, die sie trösten.
Und lass mich nicht fallen, Gott,
obwohl ich unvorsichtig und leichtsinnig mein Leben und das von anderen aufs Spiel gesetzt habe.
Gerade jetzt brauche ich dich.
Nimm die Last meiner Schuld von mir.
Bleibe du auch in der letzten Stunde bei mir.
Amen.

Biblisches Trostwort

Ich tilge deine Missetat wie eine Wolke
und deine Sünden wie den Nebel.
Kehre dich zu mir, denn ich erlöse dich!

Jesaja 44,22

Lesung aus der Literatur

Ich sehe keinen Ausweg
da sagt Christus
»Ich bin die Tür«

Wenn es also
eine Tür gibt
kann ich durch sie
ein- und ausgehen

Bin nicht gefangen
kann vielleicht
durch die Tür gehen
in eine neue Zeit

Ingrid Plath

Vaterunser

Vergebender Zuspruch

Der Gott aller Güte ist bei denen, die Unrecht leiden, und von den Schuldigen wendet er sich nicht ab. Er begegnet dir mit Güte in seinem Gesicht.

Segen

Es segne dich der Gott aller Güte.
Den Flügel seiner Barmherzigkeit lege er sanft auf dich, auf dass du Ruhe findest für deine aufgeschreckte Seele. Amen.

Lieder

Wenn ich einmal soll scheiden (EG 85, 9)
Aus tiefer Not schrei ich zu dir (EG 299)
Wenn wir in höchsten Nöten sein (EG 366)
Ich steh vor dir mit leeren Händen, Herr (EG 382)

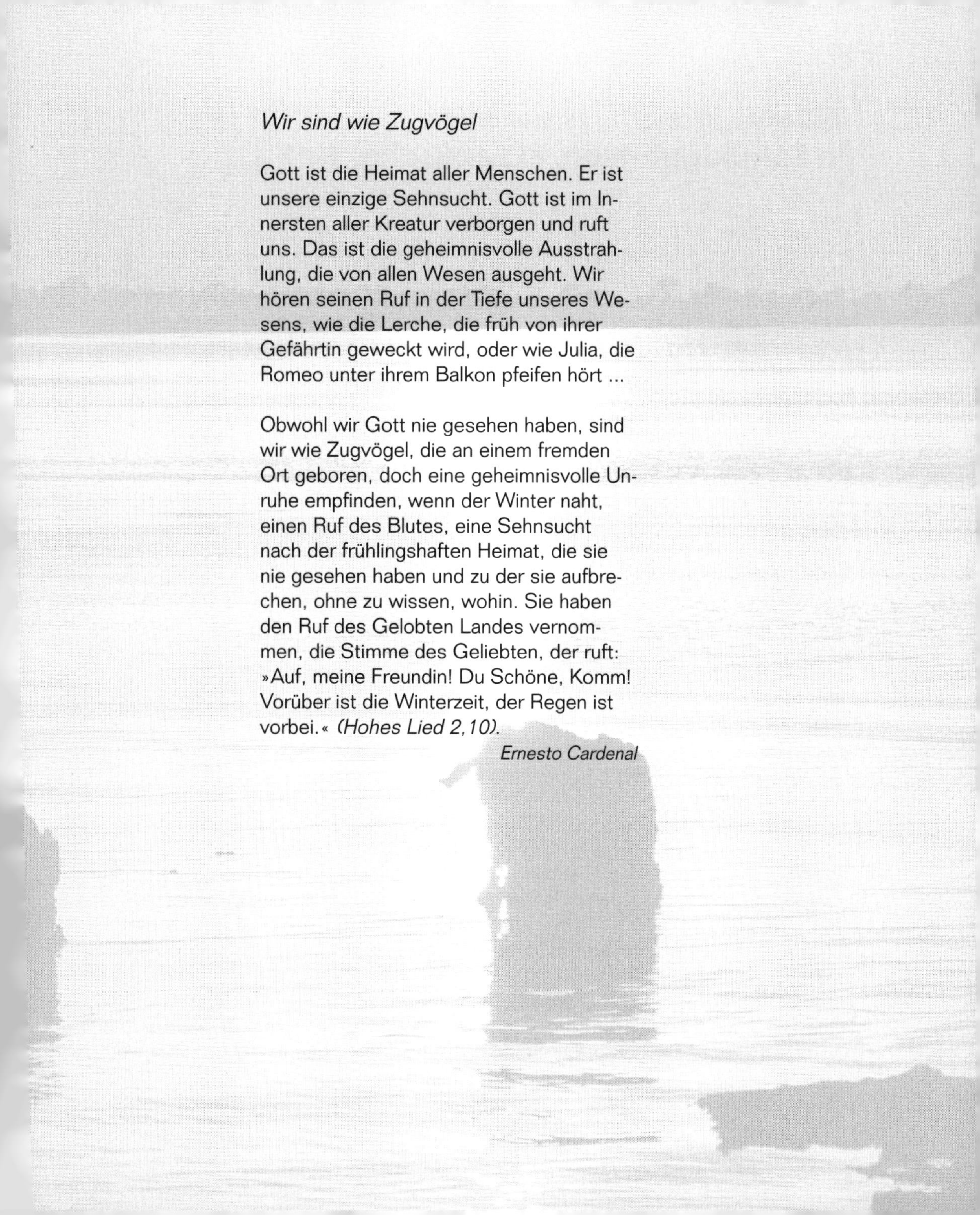

Wir sind wie Zugvögel

Gott ist die Heimat aller Menschen. Er ist unsere einzige Sehnsucht. Gott ist im Innersten aller Kreatur verborgen und ruft uns. Das ist die geheimnisvolle Ausstrahlung, die von allen Wesen ausgeht. Wir hören seinen Ruf in der Tiefe unseres Wesens, wie die Lerche, die früh von ihrer Gefährtin geweckt wird, oder wie Julia, die Romeo unter ihrem Balkon pfeifen hört ...

Obwohl wir Gott nie gesehen haben, sind wir wie Zugvögel, die an einem fremden Ort geboren, doch eine geheimnisvolle Unruhe empfinden, wenn der Winter naht, einen Ruf des Blutes, eine Sehnsucht nach der frühlingshaften Heimat, die sie nie gesehen haben und zu der sie aufbrechen, ohne zu wissen, wohin. Sie haben den Ruf des Gelobten Landes vernommen, die Stimme des Geliebten, der ruft: »Auf, meine Freundin! Du Schöne, Komm! Vorüber ist die Winterzeit, der Regen ist vorbei.« *(Hohes Lied 2,10).*

Ernesto Cardenal

Andacht mit einer/m Sterbenden
in Schuldgefühlen, in seelischer Not

nach Psalm 25
Nach dir, Herr, sehne ich mich.
Mein Gott, ich hoffe auf dich;
lass mich spüren, dass du treu zu mir hältst
dass nicht die, die mir Böses wollen, über mich lachen.
Herr, zeige mir doch wieder den Weg der Versöhnung und lehre mich, selbst einen Schritt auf diesem Weg zu gehen.
Leite mich in deiner Wahrheit und lehre sie mich tun.
Denn du bist der Gott, der mir immer geholfen hat!
Ich sehne mich täglich nach dir!
Bitte vergib mir die Verfehlungen, die ich in jungen Jahren getan habe,
und mein Verhalten, das gegen dein Gebot war.
Bitte, sei mir gnädig und schaue mich mit Milde an,
du bist doch der Gott aller Barmherzigkeit!
Ich vertraue dir.

Gebet
Guter Gott, zu dir rette ich mich in meiner Not.
Eingezwängt in einen dunklen Tunnel, so komme ich mir vor.
Dunkle Wände aus Schuld und Verzweiflung drohen mich zu zerdrücken,
jetzt wo ich selbst am Ende meiner Kraft bin.
Mein Gott, du weißt ja, was ich falsch gemacht habe in der Vergangenheit,
du weißt um meine Eigenheiten,
die manchmal das Zusammenleben schwer gemacht haben,
du weißt um jedes falsche Wort von mir,
das andere verletzt hat,
du weißt um jede Begegnung, die misslungen ist.
Ich bitte dich, verzeih du mir und lass nicht die Dunkelheit meiner Schuld mich erdrücken.
Und ich bitte dich: Schenke, dass noch einmal eine Begegnung möglich ist,
um das Wort des Verzeihens noch auszusprechen.
Oder lass die, denen ich etwas schuldig geblieben bin, wenigstens wissen,
dass mir mein Tun und Reden Leid tut.
Guter Gott, du bleibst doch mein Trost!
Ich bitte dich:
Lass mich dein Licht am Ende des Tunnels erreichen. Amen.

Biblisches Trostwort
Barmherzig und gnädig ist der Herr, geduldig und von großer Güte. Er handelt nicht mit uns nach unsern Sünden und vergilt uns nicht nach unsrer Missetat. Denn so hoch der Himmel über der Erde ist, lässt er seine Gnade walten über denen, die ihn fürchten. So fern der Morgen ist vom

Abend, lässt er unsre Übertretungen von uns sein. Wie sich ein Vater über Kinder erbarmt, so erbarmt sich der Herr über die, die ihn fürchten.

Psalm 103,8.10-13

Lesung aus der Literatur

Gott
macht sich stark
für die Schwachen

Er hat Spannkraft
für die Angestrengten

Seine Lösung beendet
unsere Ausweglosigkeit

Warum sollten wir
es ohne Ihn versuchen

Ingrid Plath

Vaterunser

Vergebender Zuspruch

Jesus Christus spricht: In der Welt habt ihr Angst; aber seid getrost, ich habe die Welt überwunden.

Johannes 16,33

Segen

Wie ein zärtlicher Blick dich wärmt, so komme Gottes Segen über dich.
Deinem Leib schenke er Frieden von allen Schmerzen.
Deinem Geist schenke er Ruhe von allen quälenden Gedanken.
Deiner Seele schenke er Hoffnung auf ewiges Leben. Amen.

Lieder

Die Nacht ist vorgedrungen (EG 16)
Jerusalem, du hochgebaute Stadt (EG 150)
Von Gott will ich nicht lassen (EG 365)
Meine engen Grenzen (EG 600*)

Andacht mit einer/m Sterbenden
in Schuldgefühlen, in seelischer Not

Psalm 130
Aus der Tiefe rufe ich, Herr, zu dir.
Herr, höre meine Stimme!
Lass deine Ohren merken auf die Stimme meines Flehens!
Wenn du, Herr, Sünden anrechnen willst – Herr, wer wird bestehen?
Denn bei dir ist die Vergebung, dass man dich fürchte.
Ich harre des Herrn, meine Seele harret, und ich hoffe auf sein Wort.
Meine Seele wartet auf den Herrn mehr als die Wächter auf den Morgen;
Denn bei dem Herrn ist die Gnade und viel Erlösung bei ihm.

Psalm 130,1-6a.7b

Gebet
Guter Gott, danken möchte ich dir,
dass du mir ein solch reiches Leben geschenkt hast.
Es ist angefüllt mit frohen Augenblicken und guten Zeiten, von denen ich bis heute zehre.
Ich danke dir dafür!
Es hat auch traurige Tage gegeben
und schwere Zeiten, deren Schmerz lange angehalten hat.
Aber du halfst mir, sie durchzustehen.
Ich danke dir dafür!
Eine Last aber sind mir heute die ungeklärten Dinge.
Ich habe manches Mal versäumt, mich zu entschuldigen.
Ich habe es nicht geschafft, ein Gespräch zu führen,
wo es doch nötig gewesen wäre.
Ich habe einmal zu viel, einmal zu wenig gesagt,
einmal zu viel, einmal zu wenig getan.
Mich zu entschuldigen, dazu fehlte mir der Mut,
ich war zu stolz, ich dachte, ich hätte noch so viel Zeit.
Nun neigen sich meine Tage und ich kann nichts mehr ändern.-
Guter Gott, Herr Jesus Christus, ich bitte dich:
Nimm die Last meiner Schuld auf dein Kreuz.
Segne du die Menschen, denen ich Unrecht getan habe.
Wende in diesen letzten Stunden
dein Angesicht nicht von mir. Amen.

Biblisches Trostwort
Der Herr ist meine Stärke und mein Schild; auf ihn hofft mein Herz, und mir ist geholfen.

Psalm 28,7

Schaffe in mir Gott, ein reines Herz, und gib mir einen neuen, beständigen Geist. Verwirf mich nicht von deinem Angesicht, und nimm deinen heiligen Geist nicht von mir. Erfreue mich wieder mit deiner Hilfe, und mit einem willigen Geist rüste mich aus.

Psalm 51,12-14

Lesung aus der Literatur

Viel kann misslingen, was wir säten
auf ird'schem Rund,
was stets gelingt, das ist ein Beten
aus Herzensgrund.
Denn möcht' auch Gott nicht so es lenken,
wie dir's gefiel:
Er wird dafür dir andres schenken
und Schönres viel.

Friedrich de la Motte-Fouqué

Vaterunser

Vergebender Zuspruch

Gott wendet den Schatten deiner Schuld von dir. Der Schatten von Getanem wird dich nicht mehr einholen. Das Dunkle von Versäumtem wird dich nicht mehr schmerzen. Gott wendet deine Nacht in Tag. Und er wird nicht ohne dich einst seinen strahlenden Tag anbrechen lassen.

Segen

Gott, mein Vater, lege deine Hand unter meinen Kopf
und lass dein Licht über mir leuchten.
Deine segnende, väterliche Liebe beschütze mich vom Scheitel bis zu Sohle.
Richte mich nicht nach dem, was ich in diesem Leben getan habe,
und vergiss mich nicht, wenn du die deinen zählst.
Berge meine Seele in deinem Frieden
und sei bei mir heute und morgen und in jeder dunklen Stunde,
bis dein Tag strahlend schön über dieser Welt aufgeht.

Irischer Abendsegen

Lieder

O Herr, nimm unsre Schuld (EG 235)
Ich steh vor dir mit leeren Händen, Herr (EG 382)
Du kannst nicht tiefer fallen (EG 533)

Andacht mit einer/m Sterbenden
in Schuldgefühlen, in seelischer Not

Psalm 32
Freuen dürfen sich alle,
denen Gott ihr Unrecht vergeben
und ihre Verfehlungen zugedeckt hat!
Freuen dürfen sich alle,
denen der Herr die Schuld nicht anrechnet
und deren Gewissen nicht mehr belastet
ist!

Herr, erst wollte ich meine Schuld verschweigen;
Doch davon wurde ich so krank,
dass ich von früh bis spät nur stöhnen
konnte.
Ich spürte deine Hand bei Tag und Nacht;
Sie drückte mich zu Boden,
ließ meine Lebenskraft entschwinden
wie in der schlimmsten Sommerdürre.
Darum entschloss ich mich,
dir meine Verfehlungen zu bekennen.
Was ich getan hatte, gestand ich dir;
Ich verschwieg dir meine Schuld nicht
länger.
Und du – du hast mir alles vergeben!

Psalm 32,1-5; Gute Nachricht

Gebet
Barmherziger Gott, auf mir liegt es wie ein schwerer Stein.
Mein Herz grämt sich und ist unruhig.
Du weißt um meine Schuld und mein Versagen.
Wie gerne hätte ich noch Zeit gehabt,
alles wieder ins Reine zu bringen,
endlich das lange anstehende versöhnliche Gespräch zu führen, um einander endlich wieder in die Augen schauen zu können.
Doch die Zeit ist nun vorbei.
Ich muss Abschied nehmen,
und vieles ist nun nicht mehr rückgängig zu machen.
Ich bitte dich: Entlaste mich!
Nimm den schweren Stein meiner Schuld von mir.
Lass mich Frieden finden in meinem Herzen.
Die Menschen, von denen ich in Streit und quälendem Schweigen gehe, lass meinen Wunsch nach Versöhnung spüren.
Schütze sie und bewahre sie vor Unglück.
Gib mir Kraft für meine letzten Stunden,
damit ich am Ende bei dir Ruhe finde.
Amen.

Biblisches Trostwort
Alle eure Sorge werft auf Gott; denn Gott sorgt für euch.

1 Petrus 5,7

Lesung aus der Literatur

Eines Morgens wachst du nicht mehr auf,
die Vögel aber singen, wie sie gestern sangen.
Nichts ändert diesen Tageslauf.
Nur du bist fortgegangen,
du bist nun frei
und unsere Tränen wünschen dir Glück.

Johann Wolfgang von Goethe

Vaterunser

Vergebender Zuspruch

Deinen Kummer streiche Gott von deiner Seele. Er lasse dich Ruhe finden unter dem Schatten seiner Flügel. Bei ihm bist du geborgen.

Segen

Es segne dich der barmherzige und gnädige Gott,– der Vater, der Sohn und der Heilige Geist. Amen.

Lieder

So nimm denn meine Hände (EG 376)
Nun sich das Herz von allem löste (EG 532)

Ich habe Angst vor dem Tod

Beim Einschlafen denke ich manchmal:
Was wird mit mir sein, wenn ich nicht mehr aufwache?
Ich denke mir oft,
dass ich vor der Geburt
von meiner Mutter umgeben war,
in ihrem Leib, ohne sie zu kennen.
Dann brachte sie mich zur Welt,
und ich kenne sie nun und lebe mit ihr.
So, glaube ich,
sind wir als Lebende von Gott umgeben,
ohne ihn zu erkennen. Wenn wir sterben,
werden wir ihn erfahren
so wie ein Kind seine Mutter,
und mit ihm sein.

Warum sollte ich den Tod fürchten?

Quelle unbekannt

Andacht mit einer/m Sterbenden
in einsamem Sterben ohne Angehörige

nach Psalm 88

Gott, mein Heiland, ich schreie Tag und Nacht zu dir.
Öffne deine Ohren, damit mein Gebet vor dich kommt.
Meine Seele ist übervoll an Leid
und ich fühle, dass mein Ende naht.
Fast denke ich, ich sei schon tot,
denn ich habe überhaupt keine Kraft mehr
und ich bin von allen Menschen verlassen.
Denkst du noch an mich?
Oder hast du mich verstoßen,
dass meine Freunde und Verwandten
sich nicht um mich kümmern?
Ich fühle mich furchtbar einsam,
zurückgelassen von allem Leben.
Doch ich rufe mit aller verbleibenden Kraft zu dir:
Sieh mich hier liegen und sei mir nahe!
Du hast mich doch geschaffen
und trägst Verantwortung für mich!
Ich flehe dich an:
Erbarme dich mein!

Gebet

Womit habe ich das verdient, Gott?
Wenn es nur die Schmerzen wären, die mich so quälen!
Dazu aber fühle ich mich so einsam und allein.
Meine Verwandten besuchen mich nicht,
Freunde und Bekannte nehmen Abstand von meinem Leid.
So fühle ich mich wie ein einsames Boot,
das auf dem Meer dahintreibt,–
Schmerz und Leere überfallen mich wie Wogen, die über mir zusammenschlagen,
und ich habe Angst unterzugehen.
Hast du mich auch verlassen?
Oder bist du doch bei mir?
Du hast mich doch mein Leben lang begleitet und getragen!
So bitte ich dich: Lass mich deine Nähe wieder spüren.
Nie benötigte ich dich so wie in diesem Augenblick.
Sei doch bei mir in meiner Not! Amen.

Biblisches Trostwort

So spricht Gott, der dich geschaffen hat: Fürchte dich nicht, denn ich habe dich erlöst; ich habe dich bei deinem Namen gerufen; du bist mein!«

Jesaja 43,1

Jesus Christus spricht: »Siehe, ich bin bei euch alle Tage bis an der Welt Ende.«

Matthäus 28,20b

Lesung aus der Literatur

Das Meer, in das mein Leib versinkt, ist auch nur die hohle Hand meines Heilands, aus der mich nichts reißen kann.

Gorch Fock,
letzte Aufzeichnung im Bordbuch 1916

Ich werfe mich in deine Hände;
Ach, treuer Vater, halt' mich fest!
Verlass den nicht an seinem Ende,
Der ewig sich auf dich verlässt!
Du bist mein Gott von Jugend auf;
Beschließ' auch selig meinen Lauf!

Du hast mich immerfort geliebet,
Versorgt, gestärkt, beschützt, regiert,
Mit Freud' erquickt, mit Kreuz geübet,
Oft wunderlich, stets wohl geführt.
Wohin ich ging, wohin ich sah,
Gingst du mir vor und warst mir nah.

Tritt auch zu meinem Sterbebette;
Sieh meine Not mit Mitleid an!
Verbinde, lindere, errette!
Nur du bist's, der mir helfen kann.
Beschütze den, der an dich glaubt,
dass Nichts ihm seine Krone raubt.

Ich übergebe dir die Meinen,
Du Vater der Barmherzigkeit!
Lass ihnen stets dein Trostlicht scheinen,
Und bleib' ihr Gott zu aller Zeit.
Behüte sie vor Ungemach,
Und bringe sie mir selig nach!

aus einem alten Gesangbuchlied,
19. Jahrhundert

Vaterunser

Vergebender Zuspruch

Gottes Milde streichelt alle deine Last hinweg. Gottes Fürsorge trage dich über die Schwelle in sein Land,– das Land, in dem es keine Einsamkeit mehr gibt, weil alle und alles in seiner Nähe leben.

Segen

Es segne dich Gott, der Vater,
der dich nach seinem Bild geschaffen hat.
Es segne dich Gott, der Sohn,
der dich durch sein Leiden und Sterben erlöst hat.
Es segne dich Gott, der Heilige Geist,
der dich zum Leben gerufen und geheiligt hat.
Gott der Vater und der Sohn und der Heilige Geist
geleite dich durch das Dunkel des Todes in sein Licht.
Er sei dir gnädig im Gericht
und gebe dir Frieden und ewiges Leben.
Amen.

Lateinischer Sterbesegen (8. Jhd.)

Lieder

Ich möcht', dass einer mit mir geht (EG 209)
Befiehl du deine Wege (EG 361)
Jesu, meine Freude (EG 396)
Fürchte dich nicht (EG 656*)

Andacht mit einer/m Sterbenden
in einsamem Sterben ohne Angehörige

nach Psalm 23

Mein Gott ist wie ein Hirte zu mir.
Er behütet mich, sodass es mir an nichts fehlt.
Er lässt mich Kraft bei sich tanken,
als lagerte ich auf grünen Auen.
Seine Nähe kühlt und erfrischt
meinen vor Krankheit brennenden Körper.
Meine Seele findet Ruhe bei dir
und ich weiß, dass du mich sicher führen wirst,
wohin auch immer mein Leben sich wendet.
Wie oft ging ich durch schwere Zeiten, –
mit dir an meiner Seite brauchte ich mich nicht zu ängstigen.
So ist es auch jetzt: du bist bei mir,
dein Beistand gibt mir Halt und Trost.
Du sorgst für mich und stillst meine nach Trost hungernde Seele.
Selbst wenn Menschen mich links liegen lassen, –
du lässt mich nicht allein.
Du ehrst mich, denn du hast mich mit deinen Händen geschaffen.
Aus dir trinkt meine Seele Zuversicht.
Gutes und Barmherzigkeit werde ich
immer aus deinen Händen empfangen.
So wie du mir die Treue hältst,
so will ich bei dir bleiben alle Tage bis in Ewigkeit.

Gebet

Stille breitet sich um mich, Gott.
Besuch ist rar geworden.
Wer dennoch kommt, der wendet sich doch bald und geht.
Das schmerzt mich, Gott.
Wie Nadelstiche sticht jeder Abschied mir ins Herz.
Kaum kann ich glauben, dass du noch da bist, nicht gehst, wie all die anderen gehen.
Dennoch wage ich still zu hoffen,
dass du hier mit mir in diesem Raum bist.
War es nicht tiefe Liebe, die du mir versprochen hast?–
So hält sie doch wohl durch mein Leid hindurch.
So siehst du wohl meine gequälten Gesichtszüge.
Du hörst mein Seufzen, mein Stöhnen in den Schmerzen.
Du spürst meine kaum aushaltbare Leere, meine Einsamkeit.
Bist du da, so bitte ich dich: Verlass mich nicht!
Besänftige meine gequälte Seele.
Beruhige die Schmerzwellen, die durch meinen Körper fahren.
Stille meine Einsamkeit durch deine stille Nähe.
Und schließlich führe du mich zu dir.
Amen.

Biblisches Trostwort

Meine Schafe hören meine Stimme, und ich kenne sie, und sie folgen mir; und ich gebe ihnen das ewige Leben, und sie werden nimmermehr umkommen, und niemand wird sie aus meiner Hand reißen.

Johannes 10,27-28

Lesung aus der Literatur

Gebet

O Gott, ich bin voll Traurigkeit ...
Nimm mein Herz in deine Hände –
Bis der Abend geht zu Ende
In steter Wiederkehr der Zeit.

Oh Gott, ich bin so müd, oh, Gott,
Der Wolkenmanne und seine Frau
Sie spielen mit mir himmelblau
Im Sommer immer, lieber Gott.

Und glaube unserm Monde, Gott,
Denn er umhüllte mich mit Schein,
Als wär ich hilflos noch und klein, –
Ein Flämmchen Seele.

Oh, Gott, und ist sie auch voll Fehl –
Nimm sie still in deine Hände ...
Damit sie leuchtend in dir ende.

Else Lasker-Schüler

Vaterunser

Vergebender Zuspruch

Fürchte dich nicht in deinem Leid!
Denn Gott beschirmt dich vor dem Bösen.
Christus trägt deine Last und dein Versäumtes fort.
Der Heilige Geist tröstet dich in deinem Kummer.
So führt Gott dich zu ewiger Freude.

Segen

Der Herr Jesus Chistus sei dir nahe,
um dich zu schützen;
in dir, um dich zu erfrischen;
um dich herum, dich zu bewahren;
vor dir, um dich zu führen;
hinter dir, um dich zu rechtfertigen;
über dir, um dich zu segnen.
Denn er lebt und regiert mit dem
Vater und dem Heiligen Geist,
ein Gott jetzt und immerdar.
Amen.

Keltischer Segen, 10. Jahrhundert

Lieder

Jesu, geh voran (EG 391)
Bleibet hier und wachet mit mir (EG 585*)
Bleib mit deiner Gnade bei uns (EG 586*)
Der Herr ist mein getreuer Hirt (EG 612*)

Andacht mit einer/m Sterbenden
in einsamem Sterben ohne Angehörige

Psalm 102
Herr, höre mein Gebet
und lass mein Schreien zu dir kommen!
Verbirg dein Antlitz nicht vor mir in der Not,
neige deine Ohren zu mir;
wenn ich dich anrufe, so erhöre mich bald!
Denn meine Tage sind vergangen wie ein Rauch,
und meine Gebeine sind verbrannt wie von Feuer.
Ich bin wie die Eule in der Einöde,
wie das Käuzchen in den Trümmern.
Ich wache und klage
wie ein einsamer Vogel auf dem Dache.
Meine Tage sind dahin wie ein Schatten,
und ich verdorre wie Gras.
Du aber, Herr, bleibst ewiglich
Und dein Name für und für.

Psalm 102,2-4.7-8.12.13

Gebet
Guter Gott, wir sitzen am Bett von ...
Alles ist so anstrengend geworden.
Ihr/Sein Körper ist nur noch matt.
Jede Bewegung kostet unendlich viel Kraft.
Auch zu sprechen ist kaum mehr möglich.
Nur noch durch den Aufschlag der Augen
und den Druck der Hand können wir
einander verstehen.
In dieser Situation wenden wir uns an dich.
Schenke ... Kraft für die letzten Stunden
und verlasse sie/ihn nicht.
Hab Dank für das Schöne, was sie/er
in ihrem/seinem Leben erleben durfte.
Sieh nicht an, was weniger gut gelungen ist.
Was offen und ungeklärt bleibt,
dessen nimm du dich an und heile es.
Wir bitten dich: Komme du an unsere Seite
Und begleite unser Abschiednehmen.
Amen.

Biblisches Trostwort
Niemand von uns lebt für sich selbst, und niemand stirbt für sich selbst. Wenn wir leben, leben wir für den Herrn, und wenn wir sterben, sterben wir für den Herrn. Wir gehören dem Herrn im Leben und im Tod.

Römer 14,7.8; Gute Nachricht 1997

Lesung aus der Literatur
Erschöpft an Leib und Seel zerschlagen
möcht ich nur ruh'n
mein Herz
hör auf zu klagen
was kannst du tun

Kein Mensch an deiner Seite
du bist allein
in Freude – im Streite
wirst du einsam sein

Doch Gott
wird für dich sorgen
wie Er es stets getan
dein Gestern Heute Morgen
befiehl getrost Ihm an

Ingrid Plath

Segen

Der Segen des allmächtigen Gottes komme über dich und bleibe bei dir jetzt und allezeit. Er geleite dich in das Reich Gottes, dass du Frieden findest für deine Seele. Amen.

Vaterunser

Vergebender Zuspruch

Gott gebe dir Frieden für deine Seele.
Er vollende, was du begonnen hast.
Er heile, was unvollkommen blieb.
Er nehme dich an mit allem, was du getan und erlebt hast. Amen.

Lieder

Lobe den Herren, den mächtigen König der Ehren (EG 317)
Ist Gott für mich, so trete gleich alles wider mich (EG 351)
Wer nur den lieben Gott lässt walten (EG 369)

Beim Aufgang der Sonne

Beim Aufgang der Sonne
und bei ihrem Untergang
erinnern wir uns an sie.

Beim Wehen des Windes
und in der Kälte des Winters
erinnern wir uns an sie.

Beim Öffnen der Knospen
und in der Wärme des Sommers
erinnern wir uns an sie.

Beim Rauschen der Blätter
und in der Schönheit des Herbstes
erinnern wir uns an sie.

Zu Beginn des Jahres
und wenn es zu Ende geht,
erinnern wir uns an sie.

Wenn wir müde sind
und Kraft brauchen,
erinnern wir uns an sie.

Wenn wir verloren sind
und krank in unserem Herzen,
erinnern wir uns an sie.

Wenn wir Freude erleben,
die wir so gern teilen würden,
erinnern wir uns an sie.

So lange wir leben,
werden sie auch leben,
denn sie sind nun ein Teil von uns,
wenn wir uns an sie erinnern.

Jüdisches Gebet

Andacht mit einer/m Sterbenden
wenn ein Partner stirbt

nach Psalm 31
Herr, wir hoffen auf dich
und bekennen: Du allein bist unser Gott!
Unsere Zeit steht in deinen Händen.
Wende von unseren Ohren ab
die Worte derer, die über uns spotten.
Neige dich schützend über uns
und steh uns gnädig bei.
Wir haben gezweifelt, das geben wir zu, –
verloren und verlassen von dir kamen wir uns vor.
Aber du hast nicht aufgegeben,
unsere Gebete zu hören.
So können wir auch jetzt getrost sein,
denn du bist unsere Hilfe alle Tage,
die noch bleiben.

nach Psalm 31,15-17.23.25

Gebet
In Bildern ziehen die Jahre vorüber.
Voller Dankbarkeit treten wir vor dich, unsern Gott.
Du hast ... und ... begleitet durch alle gemeinsamen Zeiten.
Aus deiner Hand nahmen sie glückliche
und zufriedene Tage.
An deiner Hand gingen sie durch leidvolle
und schwere Tage.
So lässt du sie auch jetzt in den Stunden
des Abschieds nicht allein.
Wir bitten dich:
Sende Kraft in sie, dass ... die Stunden
des Sterbens durchstehen kann,
dass ... ihre Frau/ihren Mann begleiten
kann, ohne daran selbst zu zerbrechen.
Gib Stärke, einander das zu verzeihen,
was sie aneinander versäumt haben.
Lass schließlich den Schmerz der Trennung nicht schwerer wiegen
als die Dankbarkeit über gemeinsam erlebte gute Zeiten.
Nimm du ... am Ende in deine ewige Nähe
auf und gib ... die Kraft, die Zeit der Trauer
zu durchstehen.
Amen.

Biblisches Trostwort
Gott ist nahe denen, die zerbrochenen Herzens sind, und hilft denen, die ein zerschlagenes Gemüt haben.

Psalm 34,19

Lesung aus der Literatur

Erinnerung als Geschenk
Je schöner und voller die Erinnerung,
desto schwerer ist die Trennung.
Aber die Dankbarkeit verwandelt
die Erinnerung in eine stille Freude.
Man trägt das vergangene Schöne
nicht wie einen Stachel,

sondern wie ein kostbares Geschenk in sich.

Dietrich Bonhoeffer

Das Letzte, das der Liebende geben kann, ist die segnende Hand und das segnende Wort. Einander segnen, das könnte es sein, was auf den letzten gemeinsamen Schritten geschieht.
In der gütigen Geste des Abschieds, in der wir das »Zeitliche segnen«, bejahen wir die Welt, bejahen wir unseren Weg, bejahen wir den Willen dessen, der uns geführt hat, und befehlen ihm an, was war und was ist.

Jörg Zink

Vaterunser

Zuspruch

Ihr habt nun Traurigkeit; aber ich will euch wiedersehen, und euer Herz soll sich freuen, und eure Freude soll niemand von euch nehmen.

Johannes 16,22

Segen

Gott segne Bleibende und Gehende.
Wie ein warmer Mantel hülle er euch in seinen Frieden.
In ihm bleibt ihr verbunden, auch über die Grenze des Todes hinweg. Amen.

Lieder

Der du die Zeit in Händen hast (EG 64)
»Wachet auf«, ruft uns die Stimme (EG 147)
Du hast uns, Herr, in dir verbunden (EG 240)

Andacht mit einer/m Sterbenden

wenn ein Partner stirbt

nach Psalm 46

Gott ist unsre Zuversicht und Stärke,
eine Hilfe in den großen Nöten, die uns getroffen haben.
Darum fürchten wir uns nicht,
auch wenn wir dem Tod ins Auge schauen
und alles Schöne und Hoffnungsvolle unseres Lebens
nun ein Ende hat.
Gott ist unsre Zuversicht und Stärke,
eine Hilfe in den großen Nöten, die uns getroffen haben.
Darum fürchten wir uns nicht,
auch wenn wir einander bald nicht mehr haben
und wir keine gemeinsame Zeit mehr teilen können.
Gott ist unsre Zuversicht und Stärke.
Er hilft uns, denn er ist bei uns, auch im Sterben und im Tod.
Er hilft uns, denn er schenkt Hoffnung auf ewiges Leben.

Gebet

Guter Gott, wir können einander nicht loslassen,
zu groß ist der Schmerz der Trennung.
So suchen wir Hand in Hand Halt bei dir.
Sieh uns an, schau an unsere Hände, –
Trost suchend, Geborgenheit schenkend.
Einander so haltend schauen wir zurück:
Da waren die Zeiten, in denen Glück und Freude
uns so innig verbunden haben.
Danke dafür. Bis heute spüren wir die Wonne dieser Stunden.
Da waren die Zeiten, in denen Not und Sorge
uns so aufeinander angewiesen sein ließen.
Danke, dass wir einander darin nicht losließen.
Danke, dass du uns trugst durch diese Zeiten.
Auch heute halten wir einander, aber ahnend, dass wir uns trennen müssen.
Nimm du uns zusammen in deine liebenden Hände.
Sei du uns Halt, denn unsere Kraft nimmt ab.
Lass deine Hand uns verbunden halten,
auch wenn wir einander loslassen müssen.
Amen.

Biblisches Trostwort

Fürchte dich nicht, ich bin mit dir; weiche nicht, denn ich bin dein Gott. Ich stärke dich, ich helfe dir auch, ich halte dich durch die rechte Hand meiner Gerechtigkeit.

Jesaja 43,1b

Lesung aus der Literatur

Glauben Sie fragte man mich
An ein Leben nach dem Tode
Und ich antwortete: ja
Aber dann wusste ich
Keine Auskunft zu geben
Wie das aussehen sollte
Wie ich selber
Aussehen sollte
Dort
Ich wusste nur eines
Keine Hierarchie
Von Heiligen auf goldenen Stühlen
Sitzend
Kein Niedersturz
Verdammter Seelen
Nur
Nur Liebe frei gewordene
Niemals aufgezehrte
Mich überflutend
Kein Schutzmantel starr aus Gold
Mit Edelsteinen besetzt
Ein spinnwebenleichtes Gewand
Ein Hauch
Mir um die Schultern
Liebkosung schöne Bewegung
Wie einst von tyrrhenischen Wellen
Wie von Worten die hin und her
Wortfetzen
Komm du komm
Schmerzweb mit Tränen besetzt
Berg- und Tal-Fahrt
Und deine Hand wieder in meiner
So lagen wir lasest du vor
Schlief ich ein
Wachte auf
Schlief ein
Wache auf
deine Stimme empfängt mich
Entlässt mich und immer
So fort
Mehr also, fragen die Fragen
Erwarten Sie nicht nach dem Tode?
Und ich antworte
Weniger nicht.

Marie Luise Kaschnitz

Vaterunser

Vergebender Zuspruch

Gott lasse die Liebe, die euch verbindet, nicht sterben.
Gott vergebe, was ihr einander schuldig geblieben seid.
Gott spende euch Kraft für die Stunden des Abschieds.

Segen

Bewahre uns, Gott, behüte uns, Gott,
sei mit uns auf unsern Wegen.
Sei Quelle und Brot in Wüstennot,
sei um uns mit deinem Segen.

Bewahre uns, Gott, behüte uns, Gott,
sei mit uns in allem Leiden.
Voll Wärme und Licht im Angesicht,
sei nahe in schweren Zeiten. Amen.

Eugen Eckert (EG 171,1.2)

Lieder

Nun danket alle Gott (EG 321)
So nimm denn meine Hände (EG 376)
Jesu, geh voran (EG 391)

Andacht mit einer/m Sterbenden

wenn ein Partner stirbt

Psalm 63

Gott, du bist mein Gott, den ich suche.
Es dürstet meine Seele nach dir,
mein ganzer Mensch verlangt nach dir
aus trockenem, dürrem Land, wo kein Wasser ist.
So schaue ich aus nach dir in deinem Heiligtum,
wollte gerne sehen deine Macht und Herrlichkeit.
Denn deine Güte ist besser als Leben;
Meine Lippen preisen dich.
So will ich dich loben mein Leben lang
und meine Hände in deinem Namen aufheben.
Du bist mein Helfer,
und unter dem Schatten deiner Flügel frohlocke ich.
Meine Seele hängt an dir;
deine rechte Hand hält mich.

Psalm 63,1-5.8-9

Gebet

Guter Gott, wir sind am Ende,
am Ende unserer Kraft,
am Ende eines gemeinsamen Lebens.
Wir kommen zu dir
mitten in der Angst,
mitten in der Verzweiflung,
mitten in der Hoffnungslosigkeit.
Doch wir setzen unsere Hoffnung auf dich:
Tröste uns und halte uns;
lenke unsern Blick auf das Wunder
unsres langen Zusammenseins,
auf die reichen Stunden und das Glück.
Nimm an unsere Schwächen und die Tage,
in denen wir einander nicht gerecht werden konnten.
Richte uns aus auf dein Versprechen:
dass du bei uns bleibst auch über die
Grenze des Todes hinweg.
Amen.

Biblisches Trostwort

Ihr habt nun Traurigkeit; aber ich will euch wiedersehen, und euer Herz soll sich freuen, und eure Freude soll niemand von euch nehmen.

Johannes 16,22

Lesung aus der Literatur

Die kleine Bitte

Decke mich denn am Ende
mit Weiden und weißem Klee,
Rosen als letzte Spende
tun meinem Herzen weh.

Lilien als letzte Gabe
sind nur der Jungfrauen Gut,
über dem armen Grabe
singen Vögel bei ihrer Brut.

Weiden und brütende Meisen
über dem Hügel zur stillen Zeit –
und ich darf lächelnd reisen
in die tiefste Verborgenheit.

Ruth Schaumann

Vaterunser

Vergebender Zuspruch

In deiner Angst vor Kommendem umschließe dich schützend dein Gott.
In deinem Schmerz über Geschehenes heile dich vergebend dein Heiland Jesus Christus.
In deiner Sorge um die verfließenden Stunden mit deinen Lieben tröste dich dein Tröster, Gottes Geist.

Segen

Gesegnet seist du,– Mensch aus Gottes liebenden Händen.
Seine Liebe gabst du weiter.
Seine Liebe empfingst du von deinen Lieben.
In seine Liebe kehrst du zurück.
Gesegnet seist du! Amen.

Lieder

Der du die Zeit in Händen hast (EG 64)
Komm, Herr, segne uns (EG 170)
Ach bleib mit deiner Gnade (EG 347)
Herr, lehre uns, dass wir sterben müssen (EG 534)

Andachten nach dem Versterben eines Menschen

Selbst der Tod kann die Liebenden nicht voneinander scheiden; hingegen die Zerstörung der Liebe wäre schlimmer als der Tod. Alles hängt mithin davon ab, die Liebe und die Freundschaft selbst mit ihren Hoffnungen und Wünschen für einen Beweis der Wahrheit zu nehmen: Das Leben der Geliebten ist unsterblich, und: Wir werden uns wiedersehen.

Eugen Drewermann

Andacht nach dem Versterben eines Menschen
nach einem langen, erfüllten Leben

Eingangswort

Wir sind zusammengekommen, weil ... gestorben ist. Gott schenkte ihr/ihm ein langes Leben. Uns aber fehlt ... jetzt. So suchen wir Trost bei Gott und nehmen Abschied im Namen des Vaters, des Sohnes und des Heiligen Geistes. Amen.

Biblisches Trostwort

Haltet mich nicht auf, denn Gott hat Gnade zu meiner Reise gegeben.

1 Mose 24, 56b

Du wirst im Alter zu Grabe kommen, wie Garben eingebracht werden zur rechten Zeit.

Hiob 5,26

Gott spricht. Ich will euch trösten, wie eine Mutter tröstet.

Jesaja 66,13

Ich habe dich je und je geliebt, darum habe ich dich zu mir gezogen aus lauter Güte.

Jeremia 31,3b

Wir haben hier keine bleibende Stadt, sondern die zukünftige suchen wir.

Hebräer 13,14

Lesung aus der Literatur

Einst

Und wenn ich selber längst gestorben bin,
wird meine Erde wieder blühend stehen,
und Saat und Sichel, Schnee und Sommerpracht
und weißer Tag und blaue Mitternacht
wird über die geliebte Scholle gehen.

Und werden Tage ganz wie heute sein:
die Gärten voll vom Dufte der Syringen,
und weiße Wolken, die im Blauen ziehn,
und junger Felder seidnes Ährengrün,
und drüberhin ein endlos Lerchensingen!

Und werden Kinder lachen vor dem Tor
und an den Hecken grüne Zweige brechen,
und werden Mädchen wandern Arm in Arm
und durch den Sommerabend still und warm
mit leisen Lippen von der Liebe sprechen!

Und wird wie heut der junge Erdentag
von keinem Gestern wissen mehr noch sagen,
und wird wie heut doch jeder Sommerwind
aus tausend Tagen, die vergessen sind,
geheime Süße auf den Flügeln tragen!

Lulu von Strauß und Torney

Psalm 145

Ich will dich erheben, mein Gott, du König,
und deinen Namen loben immer und ewiglich.
Der Herr ist groß und sehr zu loben,
und seine Größe ist unausforschlich.
Kindeskinder werden deine Werke preisen
und deine gewaltigen Taten verkündigen.
Gnädig und barmherzig ist der Herr,
geduldig und von großer Güte.
Dein Reich ist ein ewiges Reich,
und deine Herrschaft währet für und für.
Der Herr ist getreu in all seinen Worten
und gnädig in allen seinen Werken.
Der Herr hält alle, die da fallen,
und richtet alle auf, die niedergeschlagen sind.
Aller Augen warten auf dich,
und du gibst ihnen ihre Speise zur rechten Zeit.
Du tust deine Hand auf
und sättigst alles, was lebt, nach deinem Wohlgefallen.
Der Herr ist nahe allen, die ihn anrufen,
allen, die ihn ernstlich anrufen.
Er tut, was die Gottesfürchtigen begehren,
und hört ihr Schreien und hilft ihnen.

Psalm 145, in Auszügen nach EG 761,1.2

Gebet

Gott, wir stehen hier und sind traurig, weil … nicht mehr lebt.
Wir können es noch nicht fassen,
dass sie/er von uns genommen wurde.
Uns stehen die Tränen in den Augen,
weil die gemeinsame Zeit reiche Zeit war.
Und nun ist nichts mehr möglich:
kein Gespräch, kein gemeinsames Erleben mehr.
Das macht uns traurig und hilflos.
Aber wir spüren auch Dankbarkeit in uns,
Dankbarkeit, dass du ihr/ihm ein so langes Leben geschenkt hast.
Dankbarkeit für die Erlebnisse, die wir mit ihr/ihm geteilt haben.
Am Ende legen wir das Leben von … dir in die Hände.
Alles, was unvollendet blieb, das führe du zu seiner Vollendung.
Alles, was zu vergeben bleibt, das möge Heilung erfahren.
Wir bitten dich, nimm … in dein ewiges Friedensreich auf.
Lass Licht um sie/ihn sein und nicht Finsternis.
Uns begleite auf dem Weg durch die Trauer.
Sei uns Trost, Stütze und Hoffnungslicht.
Amen.

Vaterunser

Gemeinsames Schweigen oder Gespräch

Lasst uns in Dankbarkeit vor Gott und in Achtung vor der/dem Verstorbenen Stille halten.
oder
Erinnerndes Gespräch über das gemeinsame Leben.

Segen über der/dem Verstorbenen

Gottes Milde umfange dich ganz.
Er führe dein Leben zur Vollendung in seinem Reich.
Dort wirst du ewigen Frieden finden.
Amen.

Segen über den Trauernden

Gott segne uns, dass wir uns wenden und loslassen können,
begleite uns, dass wir in der Traurigkeit nicht mutlos werden,
führe uns, dass wir am Horizont den Streifen Hoffnung sehen,
dass du uns am Ende unserer Tage neues Leben schenkst. Amen.

Lieder

Von guten Mächten treu und still umgeben (EG 65 u. 652*)
Nun danket alle Gott (EG 321)
Großer Gott, wir loben dich (EG 331)

Gelegenheit zur persönlichen Verabschiedung

Andacht nach dem Versterben eines Menschen
nach kurzer, schwerer Krankheit

Eingangswort

Uns hat der Tod von … zusammengeführt.
Die Krankheit hat sie/ihn von uns gerissen.
In unserer Trauer suchen wir nach Trost.
In unserer Sprachlosigkeit suchen wir nach Worten der Zuversicht.
In unserem Schmerz suchen wir Heilung.
Nach all dem suchend, wenden wir uns an Gott.
So halten wir inne im Namen des Vaters, des Sohnes und des Heiligen Geistes.
Amen.

Biblisches Trostwort

Ein jegliches hat seine Zeit, und alles Vorhaben unter dem Himmel hat seine Stunde:
geboren werden hat seine Zeit, sterben hat seine Zeit;
pflanzen hat seine Zeit, ausreißen, was gepflanzt ist, hat seine Zeit;
töten hat seine Zeit, heilen hat seine Zeit;
abbrechen hat seine Zeit, bauen hat seine Zeit;
weinen hat seine Zeit, lachen hat seine Zeit;
klagen hat seine Zeit, tanzen hat seine Zeit;
Steine wegwerfen hat seine Zeit, Steine sammeln hat seine Zeit;
herzen hat seine Zeit, aufhören zu herzen hat seine Zeit;
suchen hat seine Zeit, verlieren hat seine Zeit;
behalten hat seine Zeit, wegwerfen hat seine Zeit;
zerreißen hat seine Zeit, zunähen hat seine Zeit;
schweigen hat seine Zeit, reden hat seine Zeit;
lieben hat seine Zeit, hassen hat seine Zeit;
Streit hat seine Zeit, Friede hat seine Zeit.
Ich merkte, dass alles, was Gott tut, das besteht für ewig; man kann nichts dazutun noch wegtun.

Prediger 3,1-8.14a

Lesung aus der Literatur

Über alle Gräber wächst zuletzt das Gras,
alle Wunden heilt die Zeit, ein Trost ist das,
wohl der schlechteste, den man dir kann erteilen;
armes Herz, du willst nicht, dass die Wunden heilen.
Etwas hast du noch, solang es schmerzlich brennt;
das Verschmerzte nur ist tot und abgetrennt.

Friedrich Rückert

Getrost, das Leben schreitet
zum ew'gen Leben hin,
von innrer Glut geweitet
verklärt sich unser Sinn.

Die Sternwelt wird zerfließen
zum goldnen Lebenswein,
wir werden sie genießen
und lichte Sterne sein.

Die Lieb' ist freigegeben,
und keine Trennung mehr.
Es wogt das volle Leben
Wie ein unendlich Meer.
Nur eine Nacht der Wonne –
Ein ewiges Gedicht –
Und unser aller Sonne
Ist Gottes Angesicht.

Novalis

Trost

Du weißt, dass hinter den Wäldern blau
Die großen Berge sind.
Und heute nur ist der Himmel grau
Und die Erde blind.

Du weißt, dass über den Wolken schwer
Die schönen Sterne stehn.
Und heute ist aus dem goldenen Heer
Kein einziger zu sehn.

Und warum glaubst du dann nicht auch,
dass uns die Wolke Welt
nur heute als ein flüchtiger Hauch
die Ewigkeit verstellt?

Christian Morgenstern

Psalm 61

Gott, höre mein Klagen,
achte auf mein Gebet!
Vom Ende der Erde schreie ich zu dir,
weil mir die Kräfte schwinden.
Bring mich hinauf auf den sicheren Felsen;
ich schaffe es nicht, er ist mir zu hoch!
Du bist meine Zuflucht, ein starker Turm,
wenn der Feind mich bedroht.
Ich möchte immer in deinem Tempel bleiben
und mich bergen im Schutz deiner Flügel.

Psalm 61,1-5; Gute Nachricht

Psalm 90

Herr, seit Menschengedenken warst du
unser Schutz.
Du, Gott, warst schon, bevor die Berge
geboren wurden
und die Erde unter Wehen entstand,
und du bleibst in alle Ewigkeit.
Du sagst zum Menschen:
»Werde wieder Staub!«
So bringst du ihn dorthin zurück,
woher er gekommen ist.
Für dich sind tausend Jahre wie ein Tag,
so wie gestern – im Nu vergangen,
so kurz wie ein paar Nachtstunden.
Du scheuchst die Menschen fort,
sie verschwinden wie ein Traum.
Sie sind vergänglich wie das Gras:
Morgens noch grünt und blüht es,
am Abend schon ist es verwelkt.
Hab doch Erbarmen mit uns
und wende dich uns wieder zu!
Lass uns jeden Morgen spüren, dass du
zu uns hältst,
dann sind unsere Tage erfüllt von Jubel
und Dank.

Psalm 90,1-6.13b-14; Gute Nachricht

Gebet

Herr, unser Gott, wir können es nicht fassen, dass wir doch so plötzlich Abschied nehmen müssen.
Wir sind nicht vorbereitet,
zu groß war unsere Hoffnung,
dass ... doch noch geholfen werden könnte.
Doch die Krankheit war stärker. –
Wir sind traurig und bekümmert.
Und doch soll unser erstes Wort Dank sein.
Wir danken dir, dass wir ... gekannt und um uns gehabt haben.
Wir danken dir für alles, was du ihr/ihm Gutes getan hast,
für alle ihre/seine Liebe und Treue,
für alle Güte und Freundlichkeit,
für alle Mühe und Sorge,
die sie/er sich um uns gemacht hat.
Wir danken dir auch, dass du sie/ihn nicht verlassen hast in den Tagen der Krankheit.
Wir können sicher sein, du warst ihr/ihm näher, als wir es sein konnten.
Aber wir bitten dich auch:
Was nicht gelungen war in ihrem/seinem Leben, vergib.
Vergib uns, was wir an ihr/ihm versäumt haben.
Nimm sie/ihn auf in dein Erbarmen,
lass sie/ihn dir nahe sein in ewiger Freude.

Für unseren Weg bitten wir dich:
Gib uns Trost, Geduld und Kraft.
Lass dein Licht über uns leuchten.
Birg uns in deinen Händen. Amen.

Vaterunser

Gemeinsames Schweigen oder Gespräch

Lasst uns in Dankbarkeit vor Gott und in Achtung vor der/dem Verstorbenen Stille halten.
oder
Erinnerndes Gespräch über das gemeinsame Leben.

Segen über der/dem Verstorbenen

Gottes liebevolle Hand führe dich den Weiten des Himmels zu.
Dort mögest du Frieden finden und von der Fülle Gottes leben.
Es segne dich Gott Vater, Sohn und Heiliger Geist. Amen.

Segen über den Trauernden

Gott, tröste uns, wenn uns die Tränen kommen.
Heile uns, wenn uns der Kummer befällt.
Bleibe bei uns, wenn Einsamkeit uns überkommt.
So segne uns, Gott, mit deiner Nähe.
Amen.

Lieder

Lobe den Herren, den mächtigen König der Ehren (EG 316)
Nun danket alle Gott (EG 321)
So nimm denn meine Hände (EG 376)
Jesu, meine Freude (EG 396)
Bei dir, Jesu, will ich bleiben (EG 406)
Jesus, meine Zuversicht (EG 526)

Andacht nach dem Versterben eines Menschen
nach langer Krankheit

Eingangswort

Wir sind zusammen im Namen Gottes, der Quelle des Lebens, aus der wir kommen, in die wir münden.
Im Namen Jesu Christi, der Liebe, die den Tod bezwingt, damit wir ewiges Leben haben.
Im Namen des Heiligen Geistes, der Kraft Gottes, die uns durch dunkle Tage zum Licht führen will. Amen.

Biblisches Trostwort

Rufe mich an in der Not, so will ich dich erretten, und du sollst mich preisen.

Psalm 50,15

Kommt her zu mir alle, die ihr mühselig und beladen seid; ich will euch erquicken.

Matthäus 11,28

Wer aber beharrt bis ans Ende, der wird selig werden.

Matthäus 24,13

Lesung aus der Literatur

Künftiger Frühling

Wohl blühet jedem Jahre
sein Frühling mild und licht;
auch jener große, klare –,
getrost! er fehlt dir nicht;
er ist dir noch beschieden
am Ziele deiner Bahn;
du ahnest ihn hinieden,
und droben bricht er an.

Ludwig Uhland

Eine Hand hat losgelassen ...

Sie hat die Arbeit aus der Hand gegeben,
die Freude und die Mühsal,
das Glück und das Leid.

Sie hat andere Hände losgelassen,
Hände, die gaben,
und Hände, die baten.

Der Weg des Hand-in-Hand-Gehens
ist zu Ende.
Auch das Hand-in-Hand-Arbeiten
hat sein Ende gefunden.

Eine Hand hat alles losgelassen.

Nun müssen auch
unsere Hände loslassen.
Was möglich war, ist gewesen.
Was lebbar war, ist vollendet.

Ruth Rau

Du bist nicht tot,
sondern nur untergegangen wie die Sonne.
Wir trauern nicht wie über einen,

der gestorben ist,
sondern wie über einen,
der sich vor uns verborgen hat.
Nicht unter den Toten suchen wir dich,
sondern unter den Seligen des Himmels.

Theodoret von Kyros

nach Psalm 6

Erbarme dich über mich, mein Gott,
denn ich bin schwach und hilflos.
Heile mich, Herr, denn mein ganzer Körper
fühlt sich matt und schwer an.
Meine Seele ist verstört.
Ach, mein Gott, wie lange muss ich auf
dich warten? –
Sieh mich an, Gott, und errette mich,
hilf mir um deiner Güte willen!
Ich will nicht auch noch zugrunde gehen.
Ich bin so erschöpft vom Weinen;
am Tage finde ich keine Ruhe
und am Abend weine ich endlos,
wenn ich mich zu Bett lege.
Meine Augen sind trübe geworden vor
Kummer
und matt ist mein Geist,
weil meine Gedanken mich verfolgen
und meine Gefühle mich überwältigen.
Komme mir zu Hilfe und
stille in mir die Bilder und Gedanken.
Lass mich Ruhe finden bei dir.
Erhöre mein Weinen und Klagen.

Gebet

Guter Gott, wir konnten ... nicht am Leben
halten.
Die Krankheit war stärker als all unsere
Kraft.
Nun ist es endgültig, was schleichend sich
seit Wochen in unsere Tage gedrängt hat:
Der Abschied ist da. Und unser Hoffen hat
kein Ziel mehr.
Traurig und erschöpft stehen wir da.
Uns ist nach Weinen zumute;
doch wir wollen dir danken.
Danken wollen wir dir für gute Zeiten,
die wir mit ... erleben konnten, –
für Tage, die mit Lachen gefüllt waren,
für gute Gespräche und wärmendes Zu-
sammensein.
Danken wollen wir dir auch,
dass sie/er die Kraft hatte, sein Leiden zu
ertragen,
dass sie/er bei aller Schwachheit
ein liebenswerter Mensch blieb
und dass du ... in ihrer/seiner Krankheit
doch getragen hast.
Wir bitten dich:
Lass sie/ihn auch jetzt nicht fallen,
sondern lass sie/ihn bei dir ein Leben
ohne Krankheit und Schmerz finden.
Für uns bitten wir dich:
Stütze du uns in den schweren Stunden.
Gib uns Kraft für die anstehenden Ent-
scheidungen und sei uns mit deiner Liebe
tröstend nahe. Amen.

Vaterunser

Gemeinsames Schweigen oder Gespräch

Lasst uns in Achtung vor der/dem Verstorbenen Stille halten.

oder

Erinnerndes Gespräch über das gemeinsame Leben.

Segen über der/dem Verstorbenen

Gott segne dich. Er nehme dich auf in das Reich, in dem es kein Leid mehr gibt, keine Schmerzen und keine Qual. Dort wirst du ewigen Frieden finden. Amen.

Segen über den Trauernden

Gegen die Kälte des Todes
segne uns mit der Wärme deiner Liebe.
Gegen die Leere der Einsamkeit
segne uns mit der Kraft deiner Nähe.
Gegen das Dunkel der Hoffnungslosigkeit
segne uns mit dem Licht deiner Verheißung.
Amen.

Lieder

Unsern Ausgang segne Gott (EG 163)
Ach bleib mit deiner Gnade (EG 347)
Jesu, geh voran (EG 391)

Andacht nach dem Versterben eines Menschen
bei einem plötzlichen Tod

Eingangswort
Aufgewühlt und erschüttert finden wir uns hier zusammen, um ... zu verabschieden, die/der plötzlich aus der Mitte seiner Familie und Freunde gerissen wurde.
Wir suchen nach Halt bei Gott. Und so beginnen wir im Namen des Vaters, des Sohnes und des Heiligen Geistes. Amen.

Biblisches Trostwort
Fürchte dich nicht, denn ich bin mit dir und will dich segnen.

1 Mose 26,24

Er wird den Armen nicht für immer vergessen; die Hoffnung der Elenden wird nicht ewig verloren sein.

Psalm 9,19

Das ist mein Trost in meinem Elend, dass dein Wort mich erquickt.

Psalm 119,50

Ich weiß wohl, was ich für Gedanken über euch habe, spricht Gott: Gedanken des Friedens und nicht des Leides, dass ich euch gebe Zukunft und Hoffnung.

Jeremia 29,11

Lesung aus der Literatur
Das einzig Wichtige im Leben
sind Spuren der Liebe,
die wir hinterlassen,
wenn wir Abschied nehmen.

Albert Schweitzer

nach Psalm 121
Hebe deine Augen auf zu den Bergen!
Siehst du, von weitem kommt dein Gott dir zu Hilfe.
Gott, der Herr, will dir Stütze und Kraft sein, Gott, bei dem alle Geschöpfe sicher geborgen sind.
Er wird dafür sorgen, dass du nicht fällst.
Denn er behütet dich und schläft nicht.
Nein, der Hüter Israels schläft und schlummert nicht.
Der Herr behütet dich;
Der Herr spendet Schatten deiner aufgeschreckten Seele,
sodass du am Tage nicht vor Sorge vergehst und in der Nacht Ruhe und Rast findest.
Der Herr behüte dich vor allem Übel,
er behüte deine Seele, dass sie in der Traurigkeit nicht zerbricht.
Der Herr behüte deinen Ausgang und Eingang von nun an bis in Ewigkeit!

Gebet

Gott, wir sind zusammengezuckt in unserem Leben.
Plötzlich und unerwartet ist … gestorben.
Wer konnte damit rechnen?
Wie sollen wir das begreifen?
Unsere Augen gehen ins Leere,
unser Herz stockt,
und wir werden den Wunsch nicht los,
die Zeit zurückzudrehen,
um wenigstens einander zu verabschieden.
Wir bitten dich:
Hilf uns, darauf zu vertrauen,
dass du … mit deinen Händen aufgefangen hast.
Hilf uns, dir anzuvertrauen,
was wir geliebt und geachtet haben.
Lass uns Raum und Zeit haben,
uns von … zu lösen.
Lass dazu Menschen um uns sein,
die mit uns die Leere aushalten,
die mit uns weinen und mit denen wir von unserer/unserem Verstorbenen erzählen können.
Hilf uns, behutsam wieder ins Leben zu gehen.
Amen.

Vaterunser

Gemeinsames Schweigen oder Gespräch

Lasst uns in Achtung vor der/dem Verstorbenen Stille halten.
oder
Erinnerndes Gespräch über das gemeinsame Leben.

Segen über der/dem Verstorbenen

Der Herr segne dich. Er nehme dich auf in das Reich, das Jesus Christus uns verheißen hat. Dort mögest du ewiges Leben finden. Amen.

Segen über den Trauernden

Der Segen des Himmels stärke euch,
damit ihr loslassen könnt.
Die Kraft der Erde trage euch,
damit ihr ihr anvertrauen könnt, was ihr geliebt habt.
Der Geist des Herrn ermutige euch,
damit ihr leben könnt ohne Angst. Amen.

Lieder

Ich steh vor dir mit leeren Händen (EG 382)
Mitten wir im Leben sind (EG 518)
Noch kann ich es nicht fassen (EG 531)

Andacht nach dem Versterben eines Menschen

beim Tod eines Kindes

Eingangswort

Wir sind zusammen, weil das Liebste aus Ihrem Leben gerissen wurde.
Wir müssen Abschied nehmen von ... und wollen dies tun im Namen Gottes,
in dessen Händen alle Geschöpfe sind,
im Namen Jesu Christi, der die Kinder in seine Nähe gerufen hat,
und im Namen des Heiligen Geistes, der alle Traurigen trösten will. Amen.

Biblisches Trostwort

Warum verbirgst du dein Antlitz, vergissest unser Elend und unsere Drangsal? Denn unsere Seele ist gebeugt zum Staube, unser Leib liegt am Boden.
Mache dich auf, hilf uns und erlöse uns um deiner Güte willen!

Psalm 44,25-27

Fürchte dich nicht, denn ich habe dich erlöst; ich habe dich bei deinem Namen gerufen; du bist mein!

Jesaja 43,1b

Gott wird abwischen alle Tränen von ihren Augen, und der Tod wird nicht mehr sein, noch Leid noch Geschrei noch Schmerz wird mehr sein; denn das Erste ist vergangen. Siehe, ich mache alles neu!

Offenbarung 21,4.5b

Lesung aus der Literatur

Auf den Tod eines Kindes

Du kamst, du gingst mit leiser Spur,
ein flücht'ger Gast im Erdenland;
woher? Wohin? Wir wissen nur:
Aus Gottes Hand in Gottes Hand.

Ludwig Uhland

Aus den Kindertotenliedern

Oft denk' ich, sie sind nur ausgegangen,
bald werden sie wieder nach Haus gelangen,
der Tag ist schön, o sei nicht bang,
sie machen nur einen weiten Gang.

Jawohl, sie sind nur ausgegangen,
und werden jetzt nach Haus gelangen,
o sei nicht bang, der Tag ist schön,
sie machen den Gang zu jenen Höhn.

Sie sind uns nur vorausgegangen,
und werden nicht hier nach Haus verlangen,
wir holen sie ein auf jenen Höhn
im Sonnenschein, der Tag ist schön.

Friedrich Rückert

nach Psalm 102

Mein Gott, höre mein Gebet
und lass mein Schreien zu dir kommen!
Du scheinst so weit entfernt in meiner Not,

doch gerade jetzt brauchen wir dich.
So erhöre doch unsere erstickten Stimmen.
Wir sind ganz am Ende mit unserer Kraft,
unser ganzer Körper brennt vor Trauer.
Allein gelassen und trostlos fühlen wir uns.
Denn was uns lieb war, ist von uns gerissen.
Alles bricht über uns zusammen,
wir straucheln und drohen zu fallen.
Ich stehe hier und klage wie ein einsamer Vogel auf dem Dach.
Die Traurigkeit schnürt mir die Kehle zu
und meine Tränen nehmen mir den Atem.
Ich bin selbst nur noch ein Schatten,
denn meine Seele ist verdunkelt von Traurigkeit.
Ich ersterbe innerlich und es kommt mir vor,
als hättest du uns gestraft mit so viel Elend.
Von dir heißt es doch, dass du ein Helfer der Menschen bist.
Generationen von Menschen haben das geglaubt.
So mache dich auf und errette uns aus der Grube der Trauer.
Zeige uns, dass wir auf dich und deine Hilfe bauen können.
Kümmere dich um die Trümmer unseres Lebens,
halte uns, wenn Tränen und Traurigkeit uns schütteln.
Gib uns Kraft, den Schmerz zu ertragen,
und lass uns am Ende dieses schweren Tages ein wenig Ruhe finden für unsere Seele.

Gebet

Du unser Gott, wir können nicht fassen, was geschehen ist.
Unser geliebtes Kind ist tot. Wie kann das sein?
Unsere Tränen wollen nicht enden
und der Schmerz schnürt uns das Herz zu.
Wie gerne würden wir die Zeit zurückdrehen
und unser Kind lebendig in den Armen halten.
Wie sehr hatten wir gehofft, dass es doch noch Hilfe geben würde,
dass das nicht eintreten würde, was nun geschehen ist.
Wir klagen es dir!
Unser liebes Kind! Warum hast du zugelassen, dass es stirbt?
Es hatte doch noch ein ganzes Leben vor sich!
Und wir hatten so viel Freude an ihm.
Es war unsere ganze Hoffnung und unser Stolz.
Nun sind alle Hoffnungen zerstört und wir wissen nicht, wie es weitergehen soll.
Unser Kopf ist voller Fragen und voller Wut, unser Herz voll Traurigkeit.
Gott, zu dir rufen wir:
Wir verstehen deine Wege nicht. Aber wenn es dich gibt, dann hilf uns!
Nimm unser Kind in deine Arme, dass es bei dir geborgen ist.
Gib uns Kraft, die kommende Zeit zu ertragen.
Tröste uns, wenn die Tränen nicht aufhören wollen,
und hilf uns, dass wir nicht an den Zweifeln und Fragen zerbrechen.
Schenke uns neue Zuversicht, damit wir trotz der Trauer leben können. Amen.

Vaterunser

Gemeinsames Schweigen oder Gespräch

Lasst uns Stille halten.

oder

Erinnerndes Gespräch über das gemeinsame Leben.

Segen über dem verstorbenen Kind

Gott segne dich.
Er nehme dich auf seine Arme und führe dich in sein himmlisches Reich.
In seiner Nähe wirst du ewig leben dürfen.
Gott segne dich. Amen.

Segen über den Trauernden

Segne du uns, Gott, wenn wir jetzt von hier fortgehen.
Lass uns in unserem Herzen bewahren, was wir geliebt haben.
Hilf uns loszulassen, was wir nicht halten können.
Hilf uns, die Trauer zu ertragen, ohne daran zu zerbrechen.
Wenn du uns stützt, dann können wir es wagen, von hier fortzugehen.
So segne du uns, Gott. Amen.

Lieder

Von guten Mächten wunderbar geborgen (EG 65 u. 652*)
Meine Zeit steht in deinen Händen (MKL***, 76)

Andacht nach dem Versterben eines Menschen mittleren Alters

Eingangswort

Wir sind zusammengekommen, weil … nicht mehr lebt. Sie/Er ist nicht alt geworden. Umso größer ist der Schmerz, den ihr/sein Tod hinterlässt. So bitten wir um Gottes Beistand und nehmen Abschied im Namen des Vaters, des Sohnes und des Heiligen Geistes. Amen.

Biblisches Trostwort

Wir haben einen Gott, der da hilft, und einen Herrn, der vom Tode errettet.

Psalm 68,21

Der Geist hilft unsrer Schwachheit auf. Denn wir wissen nicht, was wir beten sollen, wie es sich gebührt; sondern der Geist selbst vertritt uns mit unaussprechlichem Seufzen.

Römer 8,26

Lesung aus der Literatur

Wenn ihr mich sucht,
sucht mich in euren Herzen.
Hab ich dort eine Bleibe gefunden,
bin ich immer bei euch.

Antoine de Saint-Exupéry

Psalm 46

Gott ist unsre Zuversicht und Stärke,
eine Hilfe in den großen Nöten, die uns getroffen haben.
Darum fürchten wir uns nicht,
wenngleich die Welt unterginge
und die Berge mitten ins Meer sänken,
wenngleich das Meer wütete und wallte
und von seinem Ungestüm die Berge einfielen.
Der Herr Zebaoth ist mit uns,
der Gott Jakobs ist unser Schutz.

Psalm 46,1-4

Gebet

Tief traurig und erschüttert nehmen wir Abschied von …
Sie/Er ist uns noch so lebendig vor Augen,
dass wir nicht glauben können, dass sie/er nicht mehr unter uns ist.
Sie/Er ist noch so nah bei uns,
dass wir nicht fassen können,
dass wir ihre/seine Stimme nicht mehr hören können.
In unseren Herzen quält sich die Frage »warum?«.
Mit unserem Verstand kommen wir an die Grenzen.
Wir sind überfordert, Gott, mit diesem Tod.
So bitten wir dich in unserer Hilflosigkeit und Traurigkeit:

Gib uns Kraft, den langen Weg der Trauer durchzustehen.
Sei du bei uns und stütze uns, wenn uns der Halt verloren geht.
Lenke unsere Gedanken auf das, wofür wir dankbar sein dürfen,
auf die guten und reichen Tage, die wir mit … erlebt haben.
Und gib uns ein offenes Herz, das verzeihen kann,
wenn etwas zu verzeihen bleibt.
Dein Segen komme auf …, dass sie/er in deiner Nähe sein kann, für alle Ewigkeit geborgen.
Dein Segen komme auf uns, dass wir von dir geschützt sind für die schweren Tage, die vor uns liegen. Amen.

Vaterunser

Gemeinsames Schweigen oder Gespräch

Lasst uns in Achtung vor der/dem Verstorbenen Stille halten.
oder
Erinnerndes Gespräch über das gemeinsame Leben.

Segen über der/dem Verstorbenen

Der Segen Gottes komme über dich und begleite dich in die Ewigkeit. Du wirst ewig in Gottes schützender Nähe bleiben.
Amen.

Segen über den Trauernden

Gott segne euch, wenn ihr nun von hier fortgeht.
Er schenke euch Kraft,
dass ihr nicht zerbrecht an der Traurigkeit.
Er schenke euch Hoffnung,
dass ihr nicht mutlos werdet in den Sorgen.
Er schenke euch seine Begleitung,
dass ihr in allem nie alleine seid.
Amen.

Lieder

Befiehl du deine Wege (EG 361)
Wer kann dich, Herr, verstehen (EG 649)
Aus der Tiefe rufe ich zu dir (EG 655)
Meine Hoffnung und meine Freude (Taizéliederheft**, 17)

Andacht nach dem Versterben eines Menschen nach einem Unfall

Eingangswort

Betroffen vom plötzlichen Tod von ... sind wir versammelt. Wir wenden uns an Gott auf der Suche nach Hilfe und Trost. So gedenken wir des Verstorbenen im Namen des Vaters, des Sohnes und des Heiligen Geistes. Amen.

Biblisches Trostwort

Gott, tröste uns wieder und lass leuchten dein Antlitz, so genesen wir.

Psalm 80,4

Gott, höre mein Gebet und lass mein Schreien zu dir kommen! Verbirg dein Antlitz nicht vor mir in der Not, neige deine Ohren zu mir, wenn ich dich anrufe, so erhöre mich bald!

Psalm 102,2.3

Wie schwer sind für mich, Gott, deine Gedanken, wie ist ihre Summe so groß! Wollte ich sie zählen, so wären sie mehr als der Sand: Am Ende bin ich noch immer bei dir.

Psalm 139,17.18

Wahrlich, ich sage dir: Heute wirst du mit mir im Paradies sein.

Lukas 23,43b

So könnt ihr euch ein Bild von der Auferstehung der Toten machen. Was in die Erde gelegt wird, ist vergänglich; aber was zum neuen Leben erweckt wird, ist unvergänglich. Was in die Erde gelegt wird, ist schwach und hässlich; aber was zum neuen Leben erweckt wird, ist stark und schön. Was in die Erde gelegt wird, war von natürlichem Leben beseelt; aber was zu neuem Leben erwacht, wird ganz von Gottes Geist beseelt sein.

1 Korinther 15,42-44a

Lesung aus der Literatur

Wenn etwas uns
fortgenommen wird
womit wir tief
und wunderbar
zusammenhängen
so ist viel
von uns selber
mit fortgenommen.

Gott aber will
dass wir uns
wiederfinden
reicher um alles
Verlorene
und vermehrt um
jenen unendlichen
Schmerz.

Rainer Maria Rilke

Psalm 69

Gott, hilf mir!
Denn das Wasser geht mir bis an die Kehle.
Ich versinke in tiefem Schlamm, wo kein Grund ist;
Ich bin in tiefe Wasser geraten, und die Flut will mich ersäufen.
Ich habe mich müde geschrien,
mein Hals ist heiser.
Meine Augen sind trübe geworden,
weil ich so lange harren muss auf meinen Gott.
Ich aber bete zu dir, Herr, zur Zeit der Gnade;
Gott, nach deiner großen Güte erhöre mich mit deiner treuen Hilfe.
Errette mich aus dem Schlamm,
dass ich nicht versinke.
Erhöre mich, Herr, denn deine Güte ist tröstlich;
Wende dich zu mir nach deiner großen Barmherzigkeit.
Nahe dich zu meiner Seele und erlöse sie,
Gott, deine Hilfe schütze mich!

Psalm 69 i.A.

Gebet

Gott, wir kommen zu dir in unserer Not.
Wir können es nicht fassen, was geschehen ist.
So plötzlich hat uns die Nachricht vom Tod von … getroffen.
Jetzt stehen wir hier hilflos und voller Traurigkeit
und sehen nur noch auf Scherben unseres Lebens.
So vieles ist nun abgebrochen,
so viele Pläne bleiben unausgeführt.
Und die Zukunft zerrinnt uns in den Fingern.
So rufen wir zu dir:
Sieh unser Elend an und stütze uns in unserer Traurigkeit.
Nimm du … in deinen Frieden auf.
Lass uns erkennen, was wir an ihr/ihm gehabt haben,
wie kostbar die Zeit war, die wir
miteinander geteilt haben,
und welchen Sinn … unserem Leben gegeben hat.
Lass aus den guten gemeinsamen Zeiten
für uns Trost wachsen,
und lass Wunden aus schweren Zeiten heilen.
Was zu vergeben bleibt, das vergib du,
damit auch wir vergeben können.
Hilf, dass wir nicht an den Fragen
nach dem Warum und dem Wozu verzweifeln.
Sondern lass uns an diesem Tod weise werden.
Lass uns erkennen, wie kurz und zerbrechlich unser Leben ist,
damit wir mit unserer Zeit und mit den Menschen um uns
sorgsam umgehen. Amen.

Vaterunser

Gemeinsames Schweigen oder Gespräch

Lasst uns in Achtung vor der/dem Verstorbenen Stille halten.
oder
Erinnerndes Gespräch über das gemeinsame Leben.

Segen über der/dem Verstorbenen

Gott hat dich nicht verlassen. In seiner bergenden Nähe wirst du ewig sicher sein. Friede sei mit dir. Amen.

Segen über den Trauernden

Gott, segne uns mit deinem Trost,
lass unser Herz nicht kalt werden über die Trauer,
sondern warm werden von deiner Nähe.
Führe uns an deiner Hand, wenn wir uns von hier wenden.
Amen.

Lieder

Ich steh vor dir mit leeren Händen, Herr (EG 382)
Herr, deine Liebe ist wie Gras und Ufer (EG 663*)
Wer kann dich, Herr, verstehen (EG 649*)

Andacht nach dem Versterben eines Menschen
nach einem gewaltsamen Tod

Eingangswort

Erschüttert und verzweifelt stehen wir hier um … Gewaltsam ist sie/er um sein Leben gebracht worden. Wir suchen Hilfe bei Gott. Denn er will uns Trost sein in unserer Verzweiflung. So wollen wir uns besinnen im Namen des Vaters, des Sohnes und des Heiligen Geistes.
Amen.

Biblisches Trostwort

Es wird nicht dunkel bleiben über denen, die in Angst sind.

Jesaja 8,23a

Ich bin gewiss, dass weder Tod noch Leben, weder Engel noch Mächte noch Gewalten, weder Gegenwärtiges noch Zukünftiges, weder Hohes noch Tiefes noch eine andere Kreatur uns scheiden kann von der Liebe Gottes, die in Christus Jesus ist, unserm Herrn.

Römer 8,38.39

Lesung aus der Literatur

Ich weiß, woran ich glaube,
ich weiß, was fest besteht,
wenn alles hier im Staube
wie Sand und Staub verweht;
ich weiß, was ewig bleibet,
wo alles wankt und fällt,
wo Wahn die Weisen treibet
und Trug die Klugen prellt.

Ich weiß, was ewig dauert,
ich weiß, was nimmer lässt;
mit Diamanten mauer
mir's Gott im Herzen fest.
Die Steine sind die Worte,
die Worte hell und rein,
wodurch die schwächsten Orte
gar feste können sein.

Auch kenn ich wohl den Meister,
der mir die Feste baut,
er heißt der Herr der Geister,
auf den der Himmel schaut,
vor dem die Seraphinen
anbetend niederknien,
um den die Engel dienen:
ich weiß und kenne ihn.

Das ist das Licht der Höhe,
das ist der Jesus Christ,
der Fels, auf dem ich stehe,
der diamanten ist,
der nimmermehr kann wanken,
der Heiland und der Hort,
die Leuchte der Gedanken,
die leuchten hier und dort.

So weiß ich, was ich glaube,
ich weiß, was fest besteht
und in dem Erdenstaube
nicht mit als Staub verweht;
ich weiß, was in dem Grauen
des Todes ewig bleibt
und selbst auf Erdenauen
schon Himmelblumen treibt.

Ernst Moritz Arndt (EG 357)

Psalm 43

Gott, schaffe mir Recht
und führe meine Sache wider das unheilige Volk
und errette mich von den falschen und bösen Leuten!
Denn du bist der Gott meiner Stärke:
Warum hast du mich verstoßen?
Warum muss ich so traurig gehen,
wenn mein Feind mich dränget?
Sende dein Licht und deine Wahrheit,
dass sie mich leiten und bringen zu deinem heiligen Berg und zu deiner Wohnung,
dass ich hineingehe zum Altar Gottes,
zu dem Gott, der meine Freude und Wonne ist.

Psalm 43,1-4a

Psalm 31

Herr, auf dich traue ich,
lass mich nimmermehr zuschanden werden,
errette mich durch deine Gerechtigkeit!
Neige deine Ohren zu mir,
hilf mir eilends!
Sei mir ein starker Fels
und eine Burg, dass du mir helfest!
Denn du bist mein Fels und meine Burg,
und um deines Namens willen
wollest du mich leiten und führen.
Du wollest mich aus dem Netze ziehen,
das sie mir heimlich stellten;
denn du bist meine Stärke.
In deine Hände befehle ich meinen Geist;
du hast mich erlöst, Herr, du treuer Gott.

Ich aber, Herr, hoffe auf dich
Und spreche: Du bist mein Gott!
Meine Zeit steht in deinen Händen.
Errette mich von der Hand meiner Feinde
Und von denen, die mich verfolgen.
Lass leuchten dein Antlitz über deinem Knecht;
Hilf mir durch deine Güte!
Ich sprach wohl in meinem Zagen:
Ich bin von deinen Augen verstoßen.
Doch du hörtest die Stimme meines Flehens, als ich zu dir schrie.
Seid getrost und unverzagt alle,
die ihr des Herrn harret!

Psalm 31 i. A.

Gebet

Gott, wir sind entsetzt und völlig fassungslos.
Wir wissen nicht, wie wir uns halten können,
und suchen nach Halt bei dir.
Unsere Fragen, unsere Zweifel zermürben uns,
unsere Trauer ist kaum auszuhalten
und auch unsere Wut können wir nicht verbergen.
Wie konnte das passieren?

Wie können Menschen so kaltblütig und grausam sein?
Dir bringen wir unsere Not, für die wir kaum Worte finden.
Wir klagen dir den Tod von ....
Wir klagen dir die Angst, die sie/er gehabt hat, die Schmerzen, die sie/er einsam ertragen hat.
Wir klagen dir ihre/seine Hilflosigkeit und Not und ihr/sein Sterben in Einsamkeit.
Wir klagen dir die Not der Familie ..., ihre Trauer, ihre Angst, ihre Wut und ihr unbeantwortetes Fragen.
Wir klagen dir die Traurigkeit aller, denen ... jetzt fehlen wird.
Wenn du der Gott des Erbarmens bist, dann erbarme dich über ... und seinen zerschundenen Körper.
Nimm sie/ihn in deine ewig liebenden Arme.
Heile du alle Wunden, die man ihr/ihm angetan hat an Seele und Leib.
Komme du zu denen, die um ... trauern.
Sei du bei ihnen, wenn sie die Fragen überkommen,
wenn die Tränen nicht versiegen wollen,
wenn der Schmerz sich auf die Seele legt.
Lass Menschen um sie sein, die die Hilflosigkeit, die Trauer und die Unbeantwortbarkeit der Fragen aushalten können.
Lass über allen dein tröstendes Licht mit der Verheißung scheinen,
dass nicht der Tod, sondern das Leben den Sieg behält.
Amen.

Vaterunser

Gemeinsames Schweigen oder Gespräch

Lasst uns in Achtung vor der/dem Verstorbenen Stille halten.
oder
Erinnerndes Gespräch über das gemeinsame Leben.

Segen über der/dem Verstorbenen

Gott nimmt dich auf in seine Liebe. Er heilt alle deine Wunden und führt dich zur Fülle des Lebens in seinem Reich. Dazu segne dich Gott Vater, Sohn und Heiliger Geist. Amen.

Segen über den Trauernden

Gott sei immer in eurer Nähe auf dem Weg des Schmerzes und der Trauer,
dass er euch Kraft gebe und Trost.
Er nehme die Qual der Fragen von euch,
er heile eure Wut.
Mit seiner Nähe schenke er euch inneren Frieden.
So segne euch Gott heute und alle Tage.
Amen.

Lieder

Aus tiefer Not schrei ich zu dir (EG 299)
Es mag sein, dass alles fällt (EG 378)
Verleih uns Frieden gnädiglich (EG 421)

Andacht nach dem Versterben eines Menschen
nach einem Suizid

Eingangswort

Gott gibt uns unser Leben. In Gottes Hände kehrt es zurück. Gott hält uns jetzt und allezeit. Im Namen Gottes nehmen wir Abschied von …

Biblisches Trostwort

Gott ist unserer Zuversicht und Stärke, eine Hilfe in den großen Nöten, die uns getroffen haben.

Psalm 46,2

Dennoch bleibe ich stets an dir; denn du hältst mich bei meiner rechten Hand, du leitest mich nach deinem Rat und nimmst mich am Ende mit Ehren an.

Psalm 73,23.24

Siehe, um Trost war mir sehr bange. Du aber hast dich meiner Seele herzlich angenommen, dass sie nicht verdürbe; denn du wirfst alle meine Sünden hinter dich zurück.

Jesaja 38,17

Lesung aus der Literatur

Du bist ein Schatten am Tage
und in der Nacht ein Licht;
du lebst in meiner Klage
und stirbst im Herzen nicht.

Wo ich mein Zelt aufschlage,
da wohnst du bei mir dicht;
du bist mein Schatten am Tage
und in der Nacht mein Licht.

Wo ich auch nach dir frage,
find' ich von dir Bericht,
du lebst in meiner Klage
und stirbst im Herzen nicht.

Du bist ein Schatten am Tag
und in der Nacht ein Licht;
du lebst in meiner Klage
und stirbst im Herzen nicht.

Friedrich Rückert

Von dir zu dir

Und suchst du meine Sünde,
flieh ich von dir zu dir.
Ursprung, in den ich münde,
du fern und nah bei mir.

Wie ich mich wend und drehe,
geh ich von dir – zu dir,
die Ferne und die Nähe
sind aufgelöset hier.

Von dir zu – dir mein Schreiten,
mein Weg und meine Ruh,
Gericht und Gnad die beiden,
bist du – und immer du.

Schalom Ben-Chorin in Anlehnung an Psalm 139

Du kannst nicht tiefer fallen
als nur in Gottes Hand,
die er zum Heil uns allen
barmherzig ausgespannt.

Es münden alle Pfade
durch Schicksal, Schuld und Tod
doch ein in Gottes Gnade
trotz aller unsrer Not.

Wir sind von Gott umgeben
auch hier in Raum und Zeit
und werden sein und leben
in Gott in Ewigkeit.

Arno Pötzsch (EG 533)

nach Psalm 107

Gott, du bist unsere Zuflucht in dem Schrecken, der uns getroffen hat.

Die den Weg verloren haben und umherirren,
die keinen Ort finden, an dem sie sich wohl fühlen können,
deren Seele nach Leben hungert,
deren Leib sich nach Erlösung sehnt,
deren Geist keinen Ausweg findet aus den Sorgen,
die hältst du an deiner Hand,
die führst du in deine Nähe,
sodass sie nicht verloren gehen.
Die in Angst und Sorge sitzen,
die nicht mehr ein noch aus wissen,
die keinen Lichtblick mehr sehen am Ende des Tunnels,
deren Herz vor Kummer bricht,
die tröstest du in ihrer Angst,
die lässt du ankommen bei dir,
denen öffnest du den Himmel am Ende allen Leids.

Gott, du bist unsere Zuflucht in dem Schrecken,
der uns getroffen hat.
Wir rufen dich an: Hab Erbarmen mit uns!

Psalm 139

Herr, du erforschest mich
Und kennest mich.
Ich sitze oder stehe auf, so weißt du es;
Du verstehst meine Gedanken von ferne.
Ich gehe oder liege, so bist du um mich
und siehst alle meine Wege.
Denn siehe, es ist kein Wort auf meiner Zunge,
das du, Herr, nicht schon wüsstest.
Von allen Seiten umgibst du mich
und hältst deine Hand über mir.
Diese Erkenntnis ist mir zu wunderbar und zu hoch,
ich kann sie nicht begreifen.
Wohin soll ich gehen vor deinem Geist,
und wohin soll ich fliehen vor deinem Angesicht?
Führe ich gen Himmel, so bist du da;
bettete ich mich bei den Toten, siehe, so bist du auch da.
Nähme ich Flügel der Morgenröte
und bliebe am äußersten Meer,
so würde auch dort deine Hand mich führen
und deine Rechte mich halten.
Spräche ich: Finsternis möge mich decken
und Nacht statt Licht um mich sein –,
so wäre auch Finsternis nicht finster bei dir,

und Nacht leuchtete wie der Tag.
Finsternis ist wie das Licht.

Psalm 139,1-12

Gebet

Barmherziger Gott, entsetzt und geschockt stehen wir
hier um den Leichnam von ...
Wir verstehen nicht, was geschehen ist.
Und Fragen über Fragen jagen in unserem Kopf umher.
Wie konnte sie/er uns das antun?
Was hat sie/ihn so gequält, dass sie/er keinen anderen Ausweg mehr sah?
Was haben wir versäumt?
Hätten wir sie/ihn retten können?
Voller Fragen sind wir und doch leer und ausgelaugt,
weil der Tod von ... ein tiefes Loch hinterlässt.
Wir kommen zu dir, Gott, und legen dir alles vor die Füße,
unsere Fragen und unser einsames Zurückbleiben,
unsere Hilflosigkeit und unsere Traurigkeit,
unsere Verzweiflung über das Unwiederbringliche
und unsere Angst vor dem Morgen.
Den Tränen nahe stehen wir da und bitten dich:
Kümmere dich um uns und unser Leid.
Nimm dich unserer/unseres Verstorbenen an.
Umhülle du sie/ihn mit deiner Fürsorge
und lass sie/ihn bei dir das finden, was sie/er hier nicht finden konnte.
Uns steh bei in der Trauer.
Fange unsere Tränen in deinen Händen auf.
Lass nicht zu, dass die bohrenden Fragen und Zweifel uns zermürben.
Hilf uns anzunehmen, was wir nicht mehr ändern können,
und lass uns den Mut haben weiterzuleben.
Amen.

Vaterunser

Gemeinsames Schweigen oder Gespräch

Lasst uns in Achtung vor der/dem Verstorbenen Stille halten.
oder
Erinnerndes Gespräch über das gemeinsame Leben.

Segen über der/dem Verstorbenen

Du hast deinen Weg aufgenommen zu Gott. Er hat dich angenommen mit allem, was du mitbringst. Du bist gesegnet mit seiner Güte. Amen.

Segen über den Trauernden

Gott, lasse deinen Segen über uns kommen.
Sei uns Stütze, wenn unsere Füße straucheln,
sei uns Trost, wenn unsere Tränen nicht versiegen wollen,
sei uns Kraft, wenn wir nicht mehr weiter können.
So segne uns und bleibe bei uns. Amen.

Lieder

Ich möcht', dass einer mit mir geht (EG 209)
Aus tiefer Not schrei ich zu dir (EG 299)
Bleibet hier und wachet mit mir (EG 585*)
Herr, deine Liebe ist wie Gras und Ufer (EG 663*)

Andacht nach dem Versterben eines Menschen
beim Tod eines Partners

Eingangswort

Wir sind versammelt um … Sie/Er lebt nicht mehr. Voller Schmerzen müssen wir Abschied nehmen. Hilfe suchen wir dabei bei Gott. So beginnen wir im Namen des Vaters, des Sohnes und des Heiligen Geistes. Amen.

Biblisches Trostwort

Lege mich wie ein Siegel auf dein Herz, wie ein Siegel auf deinen Arm. Denn Liebe ist stark wie der Tod und Leidenschaft unwiderstehlich wie das Totenreich. Ihre Glut ist feurig und eine Flamme Gottes, sodass auch viele Wasser die Liebe nicht auslöschen und Ströme sie nicht ertränken.

Hoheslied 8,6.7a

Gott, sei uns gnädig, denn auf dich harren wir! Sei unser Arm alle Morgen, dazu unser Heil zur Zeit der Trübsal.

Jesaja 33,2

Ich lebe, und ihr sollt auch leben.

Johannes14,19b

Nun aber bleiben Glaube, Hoffnung, Liebe, diese drei; aber die Liebe ist die größte unter ihnen.

1 Korinther 13,13

Lesung aus der Literatur

Je länger du dort bist,
umso mehr bist du hier,
je weiter du fort bist,
umso näher bei mir.

Du wirst mir notwendiger,
als das tägliche Brot ist –
du wirst lebendiger,
je länger du tot bist!

Börries von Münchhausen

Ein Trauerlied

Eine schwarze Taube ist die Nacht …
Du denkst so sanft an mich.

Ich weiß, dein Herz ist still,
Mein Name steht auf seinem Saum.

Die Leiden, die dir gehören,
Kommen zu mir.

Die Seligkeiten, die dich suchen,
Sammele ich unberührt.

So trage ich die Blüten deines Lebens
Weiter fort.
Und möchte doch mit dir stille stehn;
Zwei Zeiger auf dem Zifferblatt.

O, alle Küsse sollen schweigen
Auf beschienenen Lippen liebentlang.

Niemehr soll es früh werden,
Da man deine Jugend brach.

In deiner Schläfe
Starb ein Paradies.

Mögen sich die Traurigen
Die Sonne in den Tag malen.

Und die Trauernden
Schimmer auf ihre Wangen legen.

Im schwarzen Wolkenkelche
Steht die Mondknospe.

... Du denkst so sanft an mich.

Else Lasker-Schüler

Man sagt mir,
ich solle es nicht so schwer nehmen

Man sagt mir,
das Leben ginge weiter

Man sagt mir,
jeder müsste lernen,
Verluste zu überwinden

Man sagt mir,
jede Prüfung des Lebens
brächte weiter

Man sagt mir,
die Zeit lässt jeden Schmerz vergehen

Aber
hier und jetzt bin ich allein!
Mein Gott,
lass mich nicht alleine in diesen Abgrund stürzen.
Strecke deine Hand aus
und
fange mich im Fluge ab,
bevor ich
am Boden zerbreche

Tina Krug

nach Psalm 130

Tief aus dunkler Trauer rufe ich, Herr, zu dir.
Herr, höre meine tränenerstickte Stimme!
Ich vertraue auf dich und deine Gnade,
von dir erhoffe ich mir Hilfe.
Komm doch in meine Nähe,
nimm mir dieses quälende Gefühl,
alleine zurückgelassen worden zu sein.
Ich warte auf dich, meine Seele wartet
und ich hoffe auf dein tröstendes Wort.
Du bist meine große Hoffnung;
wie soll ich ohne dich den Schmerz aushalten?
Du bist meine große Hoffnung;
wie soll ich ohne dich so allein gelassen weiterleben?
Du bist meine große Hoffnung;
denn du bist gnädig und versprichst Erlösung denen, die leiden.
Tief aus dunkler Trauer rufe ich, Herr, zu dir.
Erhöre mich bald!

Gebet

Traurig nehmen wir Abschied von ...
Wir erreichen ... nicht mehr und müssen sie/ihn nun loslassen.
Wir sind dankbar für die viele Liebe und

Verbundenheit, die die Eheleute …
aneinander erfahren durften.
Du hast sie beschenkt mit der Gabe, füreinander da zu sein, einander zu lieben und zu achten.
Dankbar sind wir auch, dass ihre Liebe auch durch schwere und traurige Tage hindurch gehalten hat.
Du schenktest ihnen die Kraft, einander zu stützen und einander den Blick immer wieder für die Zukunft zu öffnen.
So tief die Liebe der Eheleute war,
so schwer fällt heute der Abschied.
Wir wollen darauf vertrauen, dass … nun bei dir geborgen ist.
Sei du bei ihr/ihm, wie wir es nicht mehr sein können.
Begleite du Frau …/Herrn … in der Trauer.
Sende Menschen an ihre/seine Seite,
die zuhören und Trost spenden können.
Lass Hoffnung in ihr/sein Herz einkehren, dass sie/er sich trotz der Traurigkeit dem Leben wieder zuwenden kann.
Amen.

Vaterunser

Gemeinsames Schweigen oder Gespräch

Lasst uns in Dankbarkeit vor Gott und in Achtung vor der/dem Verstorbenen Stille halten.
oder
Erinnerndes Gespräch über das gemeinsame Leben.

Segen über der/dem Verstorbenen

Gott nehme dich auf in den Schutz seines Segens. Er trage dich in die Weiten der Ewigkeit. Dort mögest du ewige Ruhe finden. Amen.

Segen über den Trauernden

Gott segne uns, wenn wir von hier fortgehen.
Seine Nähe gebe uns Kraft,
damit wir an der Traurigkeit nicht zerbrechen.
Seine Verheißung gebe uns Hoffnung,
dass aus dem Tod neues Leben erwachen wird.
Amen.

Lieder

Befiehl du deine Wege (EG 361)
Jesus, meine Zuversicht (EG 526)
Nun sich das Herz von allem löste (EG 532)
Du kannst nicht tiefer fallen (EG 533)

Quellen- und Bildnachweis

S. 9: Wenn es soweit sein wird mit mir, von: Friedrich Karl Barth und Peter Horst, aus: Uns allen blüht der Tod, Telgte/Westfalen 1979, © bei den Autoren.
S. 13: Ich bin zur Ewigkeit geboren, aus: einem alten Gesangbuchlied, Gesangbuch der beyden prot. Gemeinden in Stollberg bey Aachen, hg. v. Johann Reisig und Heinrich Simon van Alpen, Frankfurt a.M. 1802, Nr. 1282, 1.
S. 15: Segen für die sterbende Freundin, von: Rile Schöne, © bei der Autorin.
S. 23: Ziehende Landschaft, S. 49: Auf der andern Seite des Monds, aus: Hilde Domin: Gesammelte Gedichte, © S. Fischer Verlag GmbH, Frankfurt am Main 1987.
S. 33: Lass warm und hell die Kerzen heute flammen, S. 90: Erinnerung als Geschenk, aus: Dietrich Bonhoeffer: Widerstand und Ergebung, © Chr. Kaiser/Gütersloher Verlagshaus GmbH, Gütersloh.
S. 39: Ja, ich will euch tragen, aus: Jochen Klepper: Ziel der Zeit. Die gesammelten Gedichte, © Luther-Verlag, Bielefeld 2003.
S. 53: Herr, wir bitten: Komm und segne uns, von: Peter Strauch, © Hänssler Verlag, Holzgerlingen.
S. 58: Ohne Vorbehalt und ohne Sorgen, von: Edith Stein, © Verlag Herder, Freiburg.
S. 59: Ich rufe zu dir, denn du, Gott, wirst mich erhören, aus: Ruth Bär, Greifbare Segensworte, © Edition Anker, Christliche Verlagshaus GmbH, Stuttgart.
S. 63: Bis hier von Gott geleitet, S. 69: Nach Trost schreit die Welt, S. 71: Ich sehe keinen Ausweg, S. 75: Gott macht sich stark, S. 86: Erschöpft an Leib und Seel zerschlagen, von: Ingrid Plath, © bei der Autorin.
S. 65: Es mag sein, dass alles fällt, aus: Rudolf Alexander Schröder: Gesammelte Werke, Bd. 1: Die Gedichte, © Suhrkamp Verlag, Frankfurt am Main 1952.
S. 67: Wenn du uns richtest, aus: Christa Weiß: Die ganze Welt hast du uns überlassen, © Gustav Bosse Verlag, Kassel.
S. 73: Wir sind wie Zugvögel, aus: Ernesto Cardenal: Das Buch von der Liebe, © Peter Hammer Verlag, Wuppertal, Neuauflage 1991.
S. 85: Gebet, S. 124: Ein Trauerlied, aus: Else Lasker-Schüler: Gedichte 1902-1943, © Suhrkamp Verlag, Frankfurt am Main 1996.
S. 91: Das Letzte, das der Liebende geben kann, aus: Jörg Zink: Was bleibt stiften die Liebenden, © Kreuz Verlag GmbH, Stuttgart 1979, S. 114.
S. 93: Glauben Sie fragte man mich, aus: Marie Luise Kaschnitz: Gesammelte Werke, Bd. 5: Die Gedichte, © Insel Verlag, Frankfurt am Main, S. 504.
S. 93: Bewahre uns, Gott, von: Eugen Eckert, © Strube Verlag GmbH, München/Berlin.
S. 94: Die Kleine Bitte, von Ruth Schaumann, S. 98: Einst, von: Lulu von Strauß und Torney, aus: Ludwig Reiners (Hg.): Der ewige Brunnen. Ein Hausbuch deutscher Dichtung, 2. Aufl., München 1959.
S. 104: Eine Hand hat losgelassen ..., von Ruth Rau, © bei der Autorin.
S. 120: Und suchst du meine Sünde, von: Schalom Ben-Chorin, © Avital Ben-Chorin, Jerusalem/Isarel.
S. 121: Du kannst nicht tiefer fallen, von: Arno Pötzsch, © Rechtsnachfolger des Urhebers (verwaltet durch den Verlag Junge Gemeinde, Leinfelden-Echterdingen).
S. 125: Man sagt mir, von: Tina Krug, aus: Das ewige Licht scheint da herein. Rituale für kranke, alte und sterbende Menschen, Arbeitsstelle für Gottesdienst und Kindergottesdienst der Evangelischen Kirche im Rheinland, Düsseldorf.

Für freundlich erteilte Abdruckgenehmigungen danken wir allen Autorinnen, Autoren und Verlagen. Trotz intensiver Bemühungen war es leider nicht bei allen Texten möglich, den/die Rechtsinhaber/in ausfindig zu machen. Für Hinweise sind wir dankbar. Rechtsansprüche bleiben gewahrt.

Fotos S. 8/9, 14/15, 22/23, 30/31, 36/37, 40/41, 44/45, 50/51, 54/55, 60/61, 72/73, 80/81, 88/89 und 96/97: Fotoarchiv Kiefel/Gütersloher Verlagshaus.

Quellenergänzungen zu Liedangaben

* = diese Lieder stammen aus dem landeskirchlichen Liedteil für die Evangelische Kirche im Rheinland (u.a.).
** = Gesänge aus Taizé 1995
*** = MKL – Menschenkinderlieder 2, 2001